새 연세한국어 말하기와 쓰기 5-2

연세대학교 한국어학당 편

연세대학교 대학출판문화원

머리말

연세대학교 한국어학당은 1959년에 설립된 한국 최초의 외국어로서의 한국어 교육 기관이다. 연세대학교 한국어학당은 그간의 역사와 명성에 걸맞게 다양한 한국어 교재 편찬 및 관련 연구를 해 옴으로써 한국어 교육을 선도해 왔다. 지금까지 전 세계에서 온 약 147개국의 14만 명에 이르는 한국어 학습자들에게 한국어와 한국 문화를 가르쳐 왔으며, 최근에는 오프라인 한국어 교육뿐만 아니라 세계 각국의 한국어 학습자들을 대상으로 글로벌 온라인 대중 공개 강좌(MOOC)를 개설하여 학습자들로부터 큰 호응을 얻고 있다. 특히 최근 빠른 속도로 변화해 가는 교육 환경에 맞추어 새로운 교수법과 교수자료 개발에 힘을 기울이는 등 끊임없는 노력을 하고 있다.

연세대학교 한국어학당은 그간 일반 목적 한국어 학습자들뿐만 아니라 특수 목적 한국어 학습자들을 대상으로 정규과정, 단기과정, 대학 한국어 과정 등 다양한 교육과정을 개설 운영하면서 학습자의 요구에 부응하는 최상의 교재를 개발해 왔다. 이러한 교재들은 국내외의 한국어 교육 기관에서 교사와 학습자들의 다양한 요구를 충족시키며 양질의 한국어 교수·학습을 위해 널리 사용되고 있다.

연세대학교 한국어학당은 그간 가장 큰 호응을 받아 왔던 '연세한국어' 1급~6급의 뒤를 이을 새로운 교재로 '새 연세한국어' 시리즈를 기획 출간하게 되었다. 이 교재의 개발을 위해 한국어 교육 현장 경험이 풍부한 전문 한국어 교육학자 및 교사들이 대거 투입되었고 최상의 한국어 교수법 및 학습자 집단의 요구에 대한 이해를 바탕으로 개발 작업이 장기간에 걸쳐 수행되었다.

이번에 출간된 '새 연세한국어' 시리즈는 총 6단계로 각 단계마다 어휘와 문법 교재, 말하기와 쓰기 교재, 말하기와 쓰기 교재로 구성되어 있다. '새 연세한국어 어휘와 문법'은 한국어 학습자들이 각 숙달도별로 가장 필수적으로 익혀야 하는 주요 어휘와 문법에 대한 이해와 활용을 중심으로 구성되었다. '새 연세한국어 말하기와 쓰기'는 원활한 한국어 의사소통을 위해 꼭 필요한 표현 기능을 수행할 수 있도록 말하기, 쓰기 과제를 중심으로 구성되었다. 또한 '새 연세한국어 말하기와 쓰기'는 듣기, 읽기 과제를 중심으로 각 급별 숙달도에 적절한 이해 능력을 함양시킬 수 있도록 구성되었다. 이 세 권의 교재는 어휘·문법, 표현, 이해 능력의 고른 발달을 위해 패키지로 함께 사용될 수도 있고, 교육 현장 여건이나 학습자의 요구에 따라 별도로 사용될 수도 있다. 또한 어휘와 문법 교재의 경우 별도의 지침서가 무료로 제공되므로 교육 경험이 다소 부족한 국내외의 한국어 교사들에게 유용한 길잡이가 될 수 있을 것이다.

연세대학교 한국어학당은 앞으로도 전 세계의 한국어 학습자들의 요구와 기대에 부응하는 교재 개발을 위해 최선을 다할 것이다. 아울러 본 교재가 국내외에서 한국어 교육을 위해 노력을 아끼지 않는 많은 교사와 한국어 학습을 위해 노력하는 모든 학습자들에게 크게 도움이 되기를 바란다.

연세대학교 언어연구교육원

한국어학당 교재편찬위원회

일러두기

01 이 책은 <새 연세한국어 어휘와 문법5>, <새 연세한국어 듣기와 읽기 5>와 함께 한국어 고급 학습자들이 사용하도록 구성된 교재이다.

02 이 책은 한국어 고급 학습자들이 한국어로 말하고 쓸 수 있는 능력을 키우기 위한 표현 능력 개발 교재이다.

03 이 책은 총 20과이며 각 과는 각기 2개의 활동으로 구성되어 있다. 그리고 2개 과마다 앞에서 학습한 내용을 복습할 수 있는 복습 10개와 한국 문화에 대한 소개 10개를 실었다. 각 과는 100분 수업 분량으로 이 책은 총 50회의 수업을 진행하도록 구성되어 있다.

04 이 책의 각 과는 '제목, 학습 목표, 준비해 봅시다, 말하기1(쓰기1), 말하기2(쓰기2), 정리해 봅시다'로 구성되어 있다. 각 과는 말하기 또는 쓰기 기능을 수행하도록 구성되어 있으며 전체적으로 말하기 능력과 쓰기 능력을 균형 있게 향상시킬 수 있도록 구성되어 있다.

05 각 과의 제목은 <새 연세한국어 어휘와 문법 5>와 동일하다.

06 '학습 목표'는 '의견을 제시할 수 있다, 설명할 수 있다, 발표할 수 있다, 글을 쓸 수 있다'와 같이 표현 기능이 드러나도록 기술되어 있다.

07 '준비해 봅시다'는 각 소단원의 들어가기에 해당되며 해당 단원의 말하기나 쓰기 내용의 이해를 돕기 위한 준비 단계이다. 각 과의 주제에 대한 배경 지식을 환기시키는 시각 자료와 질문으로 구성되어 있다.

08 말하기1과 말하기2는 유기적인 관계를 맺고 있는 기능을 연계하여 학습할 수 있도록 구성되어 있다. 말하기1과 말하기2는 각각 3단계로 구성되어 간단한 대화나 독백으로 시작하여 기능과 관련된 표현을 익히고 이를 활용하여 제시된 과제를 수행하도록 구성하였다. 말하기의 각 과제는 신문 기사나 자료 등을 근거로 하여 자신의 의견을 발표하고, 인터뷰의 결과를 종합하여 발표하는 것을 최종 목표로 하여 구성되었다.

09 쓰기1과 쓰기2 역시 관련된 기능을 연계하여 학습할 수 있도록 구성되어 있으며 말하기와 동일하게 각각 3단계로 구성되어 있다. 쓰기의 각 과제는 탐방한 곳을 소개하고 묘사하는 탐방문을 작성하고, 설문조사 결과를 종합하여 보고서를 작성하는 것을 최종 목표로 하여 구성되었다.

10 '정리해 봅시다'는 마무리 단계로서 각 소단원에서 학습한 내용을 학습자 스스로 확인하고 점검하고 다른 언어 능력과의 통합 교육을 통해서 한국어 능력을 강화하도록 구성되어 있다.

11 '복습'은 정리하고 마무리하는 단계로서 선행 학습한 2개 과의 주제나 기능과 관련된 말하기 또는 쓰기 활동으로 구성되어 있다.

12 '문화'는 선행 학습한 2개 과와 관련된 한국의 문화를 소개함으로써 한국에 대한 이해를 돕도록 구성되어 있다.

13 새로 나온 어휘는 해당 지면 하단에 제시하고 이들 어휘는 어휘 색인으로 제시하였다.

단원구성

과	제목	학습 목표	과제	문화
11과	직업과 직장	조사의 주제 및 대상과 과정을 설명할 수 있다.	조사 내용 선정하기 목적에 맞는 조사 방법 및 대상 설명하기	직장에서의 언어 예절
12과	경제와 생활	설문 조사의 목적을 설명하고 설문지를 작성할 수 있다.	조사의 목적 설명하기 조사 설문지 작성하기	
13과	유행과 한류	상대방에게 양해를 구한 후 인터뷰를 할 수 있다.	양해 구하기 인터뷰하기	명대사로 보는 한국 영화
14과	대중문화와 영상 매체	둘 이상의 대상을 비교하여 공통점과 차이점을 쓸 수 있다.	공통점 쓰기 차이점 쓰기	
15과	개인과 공동체	표와 그래프를 이용해서 조사 결과를 설명할 수 있다.	표 설명하기 그래프 설명하기	의식의 변화와 언어

<table>
<tr><th>과</th><th>제목</th><th>학습 목표</th><th>과제</th><th>문화</th></tr>
<tr><td rowspan="2">16과</td><td rowspan="2">사회 공동체</td><td rowspan="2">조사 결과를 분석하여 시각 자료로 표현하고 분석한 자료를 비교하는 글을 쓸 수 있다.</td><td>조사 결과 분석하기</td><td rowspan="2">의식의 변화와 언어</td></tr>
<tr><td>조사 결과 비교하기</td></tr>
<tr><td rowspan="2">17과</td><td rowspan="2">자연과 인간</td><td rowspan="2">조사 결과를 종합하여 발표할 수 있다.</td><td>발표 마무리하기</td><td rowspan="4">사랑방 문화</td></tr>
<tr><td>조사 결과 발표하기</td></tr>
<tr><td rowspan="2">18과</td><td rowspan="2">건축과 환경</td><td rowspan="2">대상이나 사실에 근거해서 유추하거나 전망하여 쓸 수 있다.</td><td>유추하기</td></tr>
<tr><td>전망하기</td></tr>
<tr><td rowspan="2">19과</td><td rowspan="2">한국 역사의 이해</td><td rowspan="2">발표를 평가하고 후속 과제를 제시할 수 있다.</td><td>조사 자료 평가하기</td><td rowspan="4">한국의 장례 문화</td></tr>
<tr><td>후속 과제 제안하기</td></tr>
<tr><td rowspan="2">20과</td><td rowspan="2">한국의 풍습</td><td rowspan="2">조사 결과 보고서를 완성할 수 있다.</td><td>보고서의 도입과 마무리 쓰기</td></tr>
<tr><td>조사 결과 보고서 완성하기</td></tr>
</table>

차례

등장인물 | Main characters

에릭 파커
- 미국
- 한국어학당 학생
- 한국전자 직원

존 카마우
- 케냐
- 한국어학당 학생
- 교환 학생

사토 유키
- 일본
- 한국어학당 학생
- 기자

리타오
- 중국
- 한국어학당 학생
- 대학 입학 예정자

노라 한슨
- 노르웨이
- 한국어학당 학생
- 대학원 입학 예정자

최주앙
- 브라질
- 한국어학당 학생
- 대학 휴학생

응웬 흐엉
- 베트남
- 한국어학당 학생

레오 마르탱
- 프랑스
- 한국어학당 학생
- 요리사

올리비아 스미스
- 호주
- 한국어학당 학생
- 외교관

이윤아
- 한국
- 대학생

정하늘
- 한국
- 대학생

김우진
- 한국
- 한국전자 직원

새 연세한국어

말하기와 쓰기 5-2

11과 직업과 직장

• 학습 목표: 조사의 주제 및 대상과 과정을 설명할 수 있다.

Ⅰ. 준비해 봅시다

• 위의 직업에 어떤 성격의 사람이 잘 어울릴 것 같습니까?
• 인터뷰를 통해 알아보고 싶은 것이 있습니까? 그 이유는 무엇입니까?

말하기1

1. 표현해 봅시다

1 보기 와 같이 이야기해 봅시다.

보기

대학교 4학년 학생 절반, 아직 진로 결정 못 해 20:17

①

직업 적성 검사, 내 성격에 맞는 직업 찾기 19:22

②

대학생 10명 중 4명, 전공과 관계없이 취업 준비 21:11

③

성인 남녀 하루 평균 4시간 스마트폰 사용 21:42

보기

에릭: 대학교 4학년 학생 중에서 아직 진로를 결정하지 못한 학생이 전체의 절반 가까이 된다는군요.

흐엉: 제 친구도 아직 진로를 정하지 못했어요. 자신이 무엇을 잘하고 좋아하는지 모르기 때문일까요? 아니면 취업이 너무 어렵기 때문일까요? 왜 이런 일이 일어나는지 궁금한데 한번 알아봐야겠어요.

2 표현을 익혀 봅시다.

도움말

관심 있는 사회 현상을 주제로 삼아 '왜 그럴까?' 또는 '정말 그럴까?' 등의 의문 제기를 한다. 이를 통해서 알아보고자 하는 조사 내용을 결정한다.

사회 현상 제시	• 요즘 고등학생들 사이에서는 직업 적성 검사에 관한 관심이 높아지고 있습니다. • 취업이 어려운 요즘, 전공과 무관한 취업 준비가 도마 위에 오르고 있습니다. • 최근 성인 남녀의 과도한 스마트폰 사용 시간이 이슈가 되고 있습니다. • 케이비시(KBC) 뉴스에 따르면, 대학생들이 선호하는 직업 1위는 공무원이라고 합니다. • 진로를 정할 때 안정성만을 고려하는 것은 문제가 될 수 있습니다. • 직장 내 호칭 문화의 변화가 화제가 되고 있습니다.
의문 제기	• 성인 남녀의 휴대 전화 사용 시간에 관해 한번 조사해 보면 어떨까 싶습니다. • 대학생들은 어떤 이유로 공무원을 가장 선호하게 되었을까요? 안정적인 직장을 원하기 때문이 아닐까요? • 여러 가지 직업 중에서 공무원이 대학생에게 가장 인기 있는 이유에 대해서 알아볼 필요가 있다고 생각합니다. • 쇼핑 중독은 단순히 스트레스 때문일까요? 다르게 생각해 볼 수도 있지 않을까요? • 그 뉴스 보도를 보고 궁금한 점이 생겨서 이 조사를 하게 되었습니다. • 어떤 이유로 그런 일이 일어났을까요?/벌어졌을까요? • 과연 그럴까요? 한번 알아보았습니다.

무관하다 도마 위에 오르다 이슈 안정적 보도 일어나다

3 보기 와 같이 이야기해 봅시다.

보기

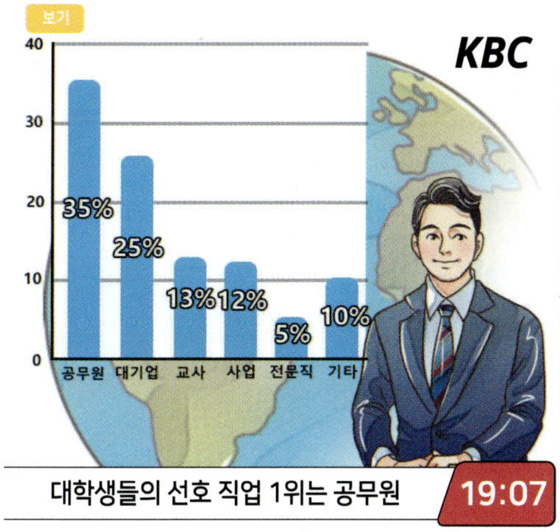

→ 대학생들의 공무원 선호 이유는?

①

→ 중소기업 취업의 장점은?

②

→ 호칭의 변화가 직장 내 상하 관계에 미치는 영향은?

③

→ ______________________

____

보기

안녕하십니까? 저는 오늘 발표를 맡게 된 올리비아 스미스입니다. 케이비시(KBC) 뉴스에 따르면, 대학생들이 선호하는 직업 1위는 공무원이라고 합니다. 저는 그 뉴스 보도를 보고 궁금한 점이 생겨서 이 조사를 하게 되었습니다. 대학생들은 어떤 이유로 공무원을 가장 선호하게 되었을까요? 안정적인 직장을 원하기 때문이 아닐까요? 다양한 직업 중에서 공무원이 대학생에게 가장 인기 있는 이유에 대해서 알아볼 필요가 있다고 생각합니다.

상하

말하기2

Ⅱ. 표현해 봅시다

1 조사하고 싶은 것에 대해서 보기와 같이 이야기해 봅시다.

보기

①

②

③

보기

흐엉: 에릭 씨, 이번 발표 주제를 뭘로 정했어요?

에릭: 구직난이 심각한데도 중소기업은 늘 구인난에 시달린다고들 해요. 그래서 사람들이 왜 중소기업에 취업하거나 오래 다니는 것을 꺼려하는지 알아보려고 해요.

흐엉: 누구를 대상으로 조사할 거예요?

에릭: 대학을 졸업한 후에 일자리를 구하고 있는 한국 친구들에게 설문지를 보내려고요.

구직난　구인난　꺼리다　설문지

2 표현을 익혀 봅시다.

도움말
조사의 결과를 발표할 때는 조사의 목적과 조사 대상, 방법 등을 명확히 밝힌다.

조사 목적	• 이번 조사의 목적은 취업 준비생들이 중소기업 취업을 꺼리는 이유를 알아보기 위한 것이었습니다. • 저는 이 조사를 통해서 면접 질문의 유형과 그에 대한 모범적인 답변을 알아보고자/살펴보고자 했습니다. • 직장인들의 회사에 대한 만족도를 알아보고, 만족도가 일의 능률에 미치는 영향을 분석하는 것이 중요하다고 봅니다. • 취업에 성공한 사람들이 실제로 취업을 위해 준비했던 스펙이 무엇인지 알아보는 것이 이 조사의 목적입니다. • 이를 통해서 취업 직종에 맞는 취업 조건에 대해서 알 수 있을 것으로 기대합니다.
조사 대상과 조사 방법	• 이번 설문 조사는 회사원 50명을 대상으로 하여 온라인으로 실시하였습니다. • 20대 대학생 10명을 대상으로 인터뷰를 진행하였습니다. • 이 설문 조사는 온라인 설문지를 이용해서 실시하였고, 필요한 경우에는 동의를 얻어 전화 인터뷰로 내용을 보충하는 방식으로 진행하였습니다.

능률 스펙 직종 방식

3 보기 와 같이 이야기해 봅시다.

보기

취업 직종에 맞는 스펙	
	조사 목적
	실제로 취업에 도움이 된 스펙 조사
	기대하는 점
	취업 직종에 맞는 스펙 준비
	조사 대상과 방법
	조사 대상: 회사원 50명 조사 방법: 온라인 설문 조사

보기

전 세계적으로 구직난이 심각합니다. 그런 가운데 취업에 성공한 사람들이 실제로 취업을 위해 준비했던 스펙이 무엇인지 알아보는 것이 이 조사의 목적입니다. 이를 통해 구직자들은 취업 직종에 맞는 스펙을 준비할 수 있을 것으로 기대합니다. 이번 조사는 회사원 50명을 대상으로 온라인 설문지를 이용해서 실시하였습니다.

①

신입 사원이 겪는 어려움	
	조사 목적
	신입 사원이 겪는 어려움의 종류와 해결 방법 조사
	기대하는 점
	빠른 회사 적응
	조사 대상과 방법
	조사 대상: 회사원 20명 조사 방법: 인터뷰

②

직업관의 변화	
	조사 목적
	직장이 인생 계획에 끼치는 영향 조사
	기대하는 점
	직업관의 변화에 따른 영향 확인
	조사 대상과 방법
	조사 대상: 직장인 100명 조사 방법: 온라인 설문 조사

<table>
<tr><td rowspan="6">3

대학 진학과 취업률의 관계</td><td>조사 목적</td></tr>
<tr><td>고졸자와 대졸자의 취업률 비교</td></tr>
<tr><td>기대하는 점</td></tr>
<tr><td></td></tr>
<tr><td>조사 대상과 방법</td></tr>
<tr><td>조사 대상: ____________
조사 방법: ____________</td></tr>
</table>

II. 정리해 봅시다

관심이 있는 주제에 대해서 조사 계획을 세워 봅시다.

고졸자 대졸자

12과 경제와 생활

• 학습 목표: 설문 조사의 목적을 설명하고 설문지를 작성할 수 있다.

Ⅰ. 준비해 봅시다

온라인 음식 배달 서비스를 이용할 때 느끼는 불편함

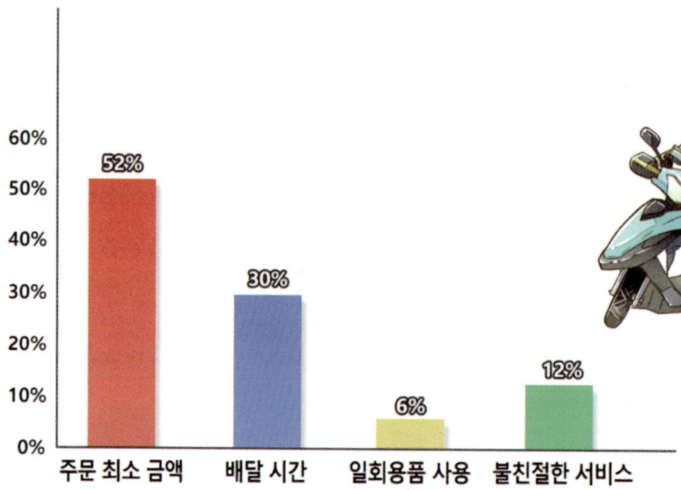

- 온라인 음식 배달 서비스를 이용할 때 무엇이 불편했습니까?
- 위와 같은 내용으로 설문 조사를 할 때 설문 문항을 어떻게 만들겠습니까?

쓰기1

I. 표현해 봅시다

1 보기 와 같이 이야기해 봅시다.

보기 간편 결제 시스템	① 해외 구매 대행	② 공동 구매	③ 소포장 상품
• **조사 배경** 간편 결제 시스템 사용 증가	• **조사 배경** 해외 구매 대행 관련 피해 사례 증가	• **조사 배경** 공동 구매 증가	• **조사 배경** 1인 가구의 증가로 소포장 상품 수요 증가
• **조사 목적** 장단점 파악	• **조사 목적** 문제점 파악	• **조사 목적** 만족도 확인	• **조사 목적** ______________

보기

요즘 간편 결제 시스템이 널리 사용되고 있다. 이번 조사에서는 간편 결제 시스템의 장단점이 무엇인지 알아보려고 한다.

2 표현을 익혀 봅시다.

도움말

조사의 목적을 설명할 때는 먼저 조사의 배경 및 주제를 간단하게 소개하는 것이 좋다. 조사의 목적을 밝힌 뒤에 조사 대상 및 방법을 이어서 소개하면 효과적으로 조사의 목적을 전달할 수 있다.

조사 배경	• 최근 들어 해외 구매 대행과 관련된 피해 사례가 증가하고 있다. • 최근에 1인 가구가 늘어남에 따라 소포장 상품에 대한 관심이 많아졌다.
조사 목적	• 이 조사는 간편 결제 시스템을 사용하는 고객들을 위한 서비스 개선에 필요한 자료를 마련하기 위해서 진행했다. • 이번 조사는 공동 구매에 대한 사람들의 만족도를 확인하는 것을 목적으로 실시하였다. • 소포장 상품의 수요가 증가하는 것에 의문이 생겨서 이번 조사를 하게 되었다. • 이번 조사는 온라인 구매에 대한 소비자들의 다양한 요구를 파악하는 데 목적이 있다. • 이번 조사는 중고품 거래 앱(APP)에 대한 소비자들의 반응을 파악할 목적으로 실시되었다. • 충동 구매의 원인 및 에스엔에스(SNS) 광고의 문제점이 무엇인지 알아보고자 한다.
조사 대상	• 조사 대상은 20~30대 여대생 및 직장인 여성 80명이다. • 이번 조사는 서울 지역 고등학생 100명을 대상으로 진행하였다.

파악 대행 소포장 충동

3 보기 와 같이 써 봅시다.

보기

온라인 구매

- 조사 배경: 온라인 시장의 확대로 인한 온라인 구매 수요의 증가
- 조사 목적: 온라인 구매에 대한 소비자들의 다양한 요구 파악
- 조사 대상: 10~60대 남녀, 총 100명

보기

최근에 온라인 시장이 확대되면서 온라인 구매에 대한 수요가 높아지고 있다. 이번 조사는 온라인 구매에 대한 소비자들의 다양한 요구를 파악할 목적으로 10대에서 60대까지 남녀 총 100명을 대상으로 실시되었다.

①

중고품 거래 앱(APP)

- 조사 배경: 중고품 거래 앱(APP) 개발에 대한 관심 증가
- 조사 목적: 중고품 거래 앱(APP)의 문제점 파악
- 조사 대상: 20~30대 남녀, 총 40명

____

____

____

②

충동 구매 경험

- 조사 배경: 에스엔에스(SNS) 광고를 통한 충동 구매 사례 증가
- 조사 목적: 충동 구매의 원인 및 에스엔에스(SNS) 광고의 문제점 파악
- 조사 대상: 10~30대 남녀, 총 100명

____

____

____

❸ **결혼 비용**

- 조사 배경: 젊은 세대에서 결혼식을 적은 비용으로 준비하는 문화 확산
- 조사 목적: 젊은 세대의 결혼 비용 및 결혼 문화 파악
- 조사 대상: 예비 부부, 총 70쌍

❹ ____________________

- 조사 배경:
- 조사 목적:
- 조사 대상:

Ⅱ. 표현해 봅시다

1 보기 와 같이 질문을 만들어 봅시다.

보기 상품 보상 서비스	① 상품 교환 시스템	② 무상 수리 서비스	③ 상품 배송 서비스
• 알고 싶은 점 1) 상품 결함 시 제공되는 상품 보상 서비스 만족도 2) 서비스에 대한 자유로운 의견	• 알고 싶은 점 1) 교환할 때 걸리는 시간 2) 교환할 때 불편한 점	• 알고 싶은 점 1) 적절한 무상 수리 기간 2) 무상 수리 기간 및 서비스에 대한 제안	• 알고 싶은 점 1) 배송 비용 만족도 2) 희망 배송 기간 3) 배송 서비스에 대한 만족도

보기

1) 상품 결함 시 제공되는 회사의 상품 보상 서비스에 만족하십니까?
2) 서비스에 대한 의견을 자유롭게 써 주십시오.

2 표현을 익혀 봅시다.

도움말

설문지를 작성할 때는 설문 조사에 대한 간략한 소개를 먼저 하는 것이 좋다. 그리고 설문 대상의 정보를 확인할 수 있는 부분을 만든 후에 주제와 관련하여 알고 싶은 내용을 설문 문항으로 쓴다. 이때 설문 문항을 원하는 답의 성격에 따라 수준이나 정도, 선택형, 자유롭게 의견을 서술하는 설문 문항 등으로 다양하게 표현할 수 있다.

<조사 소개 및 설문 대상 정보>

안녕하십니까? 이 조사는 최근 새로 나온 휴대 전화에 대한 소비자들의 만족도를 파악하는 데 목적이 있습니다. 여러분의 응답은 휴대 전화 품질 개선을 위한 귀중한 자료가 될 것입니다. 이 조사의 결과를 다른 목적으로는 사용하지 않겠습니다. 감사합니다.

응답자 정보

• 성별: 남/여　• 나이: ________ 세　• 국적: ____________

• 대학교 학년: ____________　• 전공: ____________

보상　결함　무상

<설문 문항 종류>

• 수준이나 정도

1) 이 상품에 만족하십니까? (　　)

① 전혀 그렇지 않다　② 별로 그렇지 않다　③ 그저 그렇다　④ 다소 그렇다　⑤ 매우 그렇다

2) 배송비가 적절하다고 생각하십니까? (　　)

① 전혀 그렇지 않다　② 별로 그렇지 않다　③ 그저 그렇다　④ 다소 그렇다　⑤ 매우 그렇다

• 선택형

1) 교환을 요청했을 때 시간이 얼마나 걸렸습니까? (　　)

① 당일　② 2~3일　③ 4~6일　④ 일주일 이상　⑤ 한 달 이상

2) 상품의 문제점은 무엇이라고 생각하십니까? 모두 고르십시오. (　　　　)
(중복 선택 가능)

① 가격　② 디자인　③ 무게　④ 색　⑤ 크기

• 자유로운 의견

1) 이 상품에서 개선되어야 할 부분을 자유롭게 쓰십시오.

___

2) 그렇지 않다면 그 이유를 자유롭게 써 주십시오.

___

중복

3 보기 와 같이 써 봅시다.

보기

상품 보상 서비스

· **알고 싶은 점**
1. 상품 보상 서비스에 대한 만족도
2. 상품 보상 서비스에서 만족하는 부분(고객 센터 서비스, 보상 기간, 서비스 신청 과정, 기타)
3. 상품에 생긴 문제(배터리 결함, 상품 파손, 전원 오작동, 기타)
4. 상품 보상 서비스와 관련한 자유로운 의견

보기

1) 상품 보상 서비스에 만족하십니까? (　　)

① 전혀 그렇지 않다　② 별로 그렇지 않다　③ 그저 그렇다　④ 다소 그렇다　⑤ 매우 그렇다

2) 상품 보상 서비스에서 가장 만족하는 부분은 무엇입니까? 고르십시오. (　　)

① 고객 센터 서비스　② 보상 기간　③ 서비스 신청 과정　④ 기타

3) 상품에 어떤 문제가 생겨서 서비스를 신청했습니까? 모두 고르십시오. (　　　　)

① 배터리 결함　② 상품 파손　③ 전원 오작동　④ 기타

4) 상품 보상 서비스와 관련하여 의견을 자유롭게 쓰십시오.

____

①

상품 교환 시스템

· **알고 싶은 점**
1. 상품 교환 시스템의 만족도
2. 상품 교환 시스템에서 만족하는 부분(고객 센터 서비스, 교환 기간, 교환 신청 방법, 기타)
3. 상품을 교환하는 이유(단순 변심, 디자인, 사이즈, 상품 결함, 기타)
4. ____________________

1) ____________________ (　　)

① ________　② ________　③ ________　④ ________　⑤ ________

2) ____________________ (　　)

① ________　② ________　③ ________　④ ________

3) ____________________ (　　　　)(중복 선택 가능)

① ________　② ________　③ ________　④ ________　⑤ ________

4) ______________________________

____

파손

②

무상 수리 서비스

• **알고 싶은 점**

1. 무상 수리 기간에 대한 만족도
2. 적절한 무상 수리 기간(1년, 2년, 3년, 기타)
3. ______
4. ______

1) ______ (　　)

① ______ ② ______ ③ ______ ④ ______ ⑤ ______

2) ______ (　　)

① ______ ② ______ ③ ______ ④ ______

3) ______ (　　　　)(중복 선택 가능)

① ______ ② ______ ③ ______ ④ ______ ⑤ ______

4) ______

______

③

상품 배송 서비스

• **알고 싶은 점**

1. 배송 기간에 대한 만족도
2. 배송 서비스에서 만족하는 부분(고객 센터 서비스, 상품 상태, 친절함, 기타)
3. ______
4. ______

1) ______ (　　)

① ______ ② ______ ③ ______ ④ ______ ⑤ ______

2) ______ (　　)

① ______ ② ______ ③ ______ ④ ______

3) ______ (　　　　)(중복 선택 가능)

① ______ ② ______ ③ ______ ④ ______

4) ______

______

Ⅱ. 표현해 봅시다

④ ____________________

· **알고 싶은 점**

1. ____________________
2. ____________________
3. ____________________
4. ____________________

1) ____________________ (   )

① ______ ② ______ ③ ______ ④ ______ ⑤ ______

2) ____________________ (   )

① ______ ② ______ ③ ______ ④ ______

3) ____________________ (   )(중복 선택 가능)

① ______ ② ______ ③ ______ ④ ______ ⑤ ______

4) ____________________

____

Ⅲ. 정리해 봅시다

다른 학생들이 만든 설문지를 보고 보완할 점이 없는지 이야기해 봅시다.

복습

1 설문지를 작성할 때 주의해야 할 점에 대해서 알아봅시다.

1) 설문지의 문항은 격식체를 사용하여 작성한다.

보기 선호하는 직업이 무엇입니까?

2) 높임말을 사용할 필요가 없는 경우에는 '-는가/은가/ㄴ가?'를 쓴다.

보기 취업 준비를 위해서 어느 정도의 기간이 필요하다고 생각하는가?

3) 설문지 문항의 응답 선택지에는 주로 격식체 '는다/ㄴ다/다'를 사용한다.

보기 자주 한다 / 거의 하지 않는다

4) 응답 평가 척도는 자료의 값이 가장 작은 것부터 앞쪽에 쓴다.

보기 ① 전혀 하지 않는다 ② 가끔 한다 ③ 자주 한다 ④ 매일 한다

5) 선택하는 답에 따라서 다음 질문이 달라지는 경우에는 응답자가 제대로 응할 수 있도록 별도의 지시 표현을 제시해야 한다.

보기 1. 사교육이 필요하다고 생각하십니까?

① 그렇다 ② 아니다

→ ① 번 선택 시 1-1에 답하여 주십시오.

2 20~30대 취업 준비생을 대상으로 직업관을 알아보는 설문 조사를 하고자 합니다. 아래에 제시된 것을 활용하여 설문지 문항을 만들어 봅시다.

직업 선택의 기준	평생 직장	이직
재택근무	자율 출퇴근제	휴일 근무

보기

1. 평생 한 직장에서 일하기를 원하십니까?

① 그렇다 ② 아니다

→ ②번 선택 시 1-1에 답하여 주십시오.

1-1. 이직을 생각하는 이유가 무엇인지 써 주십시오.

____

척도 이직 재택근무 자율 출퇴근제

직장에서의 언어 예절

한국에서 직장 생활을 할 때 주의해야 할 언어 표현이 있다. 보통 직장에서 일대일 상황일 때 아랫사람이 윗사람에게 '-읍시다', '-으십시오' 등의 표현을 사용하지 않는다. 그 이유는 윗사람을 공경하는 한국 문화에서 아랫사람이 윗사람의 행위를 결정하는 것이 예의가 아니라고 생각하기 때문이다. 따라서 윗사람에게 무엇을 제안하거나 요청할 때는 '-으시지요'와 같은 표현을 사용하는 것이 바람직하다. 상황에 따라 '-어 주시겠습니까?'와 같이 부탁하는 표현을 쓰는 것도 좋다.

예를 들어 '과장님, 회의하러 갑시다.', '부장님, 잠깐 기다리십시오.'는 '과장님, 회의하러 가시지요.', '부장님, 잠깐 기다려 주시겠습니까?'로 말하는 것이 적절하다. 그리고 '수고하십시오.'는 상황에 따라서 '안녕히 계십시오.' 또는 '그럼 저는 이만 가 보겠습니다.'로 말하는 것이 좋다.

한편 직장에서 자신보다 직위가 높은 사람에 대해서 이야기할 때는 말을 듣는 상대방의 직위의 높낮이와 관계없이 높임 표현을 사용하는 것이 좋다. 예를 들어 회사에서 직급이 낮은 사원이 사장에게 보고할 때는 '사장님, 부장님이 이 보고서를 전해 드리라고 하셨습니다.'라고 하는 것이 적절하다.

13과 유행과 한류

• 학습 목표: 상대방에게 양해를 구한 후 인터뷰를 할 수 있다.

Ⅰ. 준비해 봅시다

- 한국 사람의 옷차림과 여러분 나라 사람의 옷차림은 어떤 차이가 있습니까?
- 성공한 한류 스타에게 묻고 싶은 것이 무엇입니까?

말하기1

II. 표현해 봅시다

1 인터뷰 주제와 관계있는 응답자를 연결하고 보기 와 같이 이야기해 봅시다.

보기

20대 여성이 선호하는 패션 브랜드

1

한국 직장인의 옷차림

2

한국에서 유행 중인 모바일 게임

3

한국 가정의 가사 분담

보기

노라: 안녕하세요? 저는 노르웨이에서 온 노라라고 합니다. 실례지만 한국 20대 여성이 선호하는 패션 브랜드에 대해서 조사하고 있는데 인터뷰에 응해 주실 수 있습니까?

여자: 네, 좋습니다.

노라: 정말 감사합니다. 실례지만 대학생이십니까?

여자: 네, 그렇습니다.

응답자 브랜드 응하다

2 표현을 익혀 봅시다.

도움말

인터뷰를 목적으로 다른 사람에게 질문을 할 때는 먼저 자기소개를 한 후 인터뷰의 목적을 밝히고 공손한 태도로 양해를 구한다. 필요한 경우에는 상대방의 연령대와 직업 등 개인 정보를 묻는다.

양해 구하기	• 실례지만 한국 20대 여성이 선호하는 패션 브랜드에 대해서 조사하고 있는데 인터뷰에 응해 주실 수 있습니까? • 실례지만 부탁 좀 드리겠습니다. 저는 한국어학당에 재학 중인 응웬 흐엉이라고 합니다. 학교 과제로 한국인이 좋아하는 연예인에 대해서 조사하게 되었는데 잠깐 질문을 드려도 될까요? • 안녕하세요? 저는 한국어학당에 재학 중인 존 카마우인데 외국인에게 인기 있는 한국 영화에 대한 조사를 하고 있습니다. 바쁘지 않으시면 질문을 드려도 될까요? • 처음 뵙겠습니다. 저는 미국에서 온 에릭 파커라고 하는데 보고서 제출을 위해서 인터뷰가 필요합니다. 인터뷰 주제는 '한국 직장인의 옷차림'인데 잠시만 시간을 내서 응답해 주시면 저에게 큰 도움이 되겠습니다. • 죄송하지만 혹시 시간을 내서 인터뷰에 응해 주실 수 있습니까?
정보 묻기	• 질문을 드리기 전에 몇 가지 여쭤 보겠습니다. 실례지만 연령대가 어떻게 되십니까? • 죄송하지만 직업을 여쭤 봐도 되겠습니까? • 죄송합니다만 사시는 곳을 여쭤 봐도 실례가 안 될까요? • 조사에 꼭 필요한 정보를 말씀해 주실 수 있습니까? 선생님의 연령대와 직업을 알려 주시면 대단히 감사하겠습니다.

제출 연령대

3 보기 와 같이 이야기해 봅시다.

1) 인터뷰 전 단계

	주제	질문자 / 조사 대상	조언자 / 조사 대상
보기	한국인이 좋아하는 연예인	응웬 흐엉 10~20대 여성	이윤아 다양한 연령의 남녀
1	외국인에게 인기 있는 한국 영화	존 카마우 외국인 유학생	정하늘 다양한 나라에 거주하는 외국인
2	한국 직장인의 옷차림	에릭 파커 회사원	김우진 다양한 직업인
3	한국인의 직업관	사토 유키 ______	한국 친구 ______

보기

흐엉: 윤아 씨, 제가 학교에 과제를 제출해야 해서 한국인이 좋아하는 연예인에 대한 조사를 하려고 해요.
윤아: 그래요? 그럼 먼저 조사 대상자부터 선정해야겠네요.
흐엉: 아무래도 연예인에게 관심이 많은 사람들은 10~20대 여성들이겠지요?
윤아: 그렇지요. 그런데 특정 연령대의 여성만 조사하기보다는 다양한 연령의 남녀를 대상으로 질문하는 게 좋을 것 같아요. 요즘은 남녀노소 누구나 좋아하는 연예인이 하나쯤은 있으니까요.
흐엉: 그럼 다양한 사람들을 만날 수 있는 곳에서 인터뷰를 해야겠어요.

거주하다 제출하다 대상자 특정 남녀노소

2) 인터뷰 단계

	주제	응답자의 정보
보기	한국인이 좋아하는 연예인	연령 / 직업
1	외국인에게 인기 있는 한국 영화	국적 / 거주지 / 연령
2	한국 직장인의 옷차림	______ / ______
3	한국인의 직업관	______ / ______

보기

흐엉 : 안녕하세요? 실례지만 부탁 좀 드리겠습니다. 저는 한국어학당에 재학 중인 응웬 흐엉이라고 합니다. 학교 과제로 한국인이 좋아하는 연예인에 대해서 조사하게 되었는데 잠깐 질문을 드려도 될까요?

한국인: 네, 괜찮습니다.

흐엉 : 정말 감사합니다. 질문을 드리기 전에 몇 가지 여쭤 보겠습니다 실례지만 연령대가 어떻게 되십니까?

한국인: 30대 초반입니다.

흐엉 : 감사합니다. 그리고 무슨 일을 하시는지 여쭤 봐도 실례가 안 될까요?

한국인: 저는 무역회사에 다니는 회사원입니다.

흐엉 : 자세히 답해 주셔서 감사합니다.

직업관 거주지

말하기2

II. 표현해 봅시다

1 질문을 만든 후에 보기 와 같이 이야기해 봅시다.

보기

①

②

③

관심 분야	처음 접한 시기	접하게 된 계기
빈도	좋아하는 이유	추천해 주고 싶은 사람

보기

에릭 : 리타오 씨는 한류에 관심이 많다면서요? 무엇에 관심이 많아요?
리타오: 저는 아이돌 음악도 좋아하기는 하지만 한국 힙합 음악에 관심이 더 많아요.
에릭 : 언제 처음 한국 힙합을 접했어요?
리타오: 고등학교 때 친구가 권해서 듣기 시작했어요.
에릭 : 얼마나 자주 한국 힙합을 들어요?
리타오: 저는 스트레스가 쌓일 때마다 들으면서 스트레스를 풀어요.
에릭 : 그렇군요. 그런데 왜 한국 힙합을 좋아하세요?
리타오: 무엇보다도 가수들의 실력이 뛰어나고 한국말 실력 향상에도 도움이 되기 때문이에요. 처음에는 랩이 너무 빨라서 알아듣기 힘들지만 자꾸 듣다가 보면 들리는 게 신기해요.
에릭 : 좋아하는 가수가 누구예요?
리타오: 제가 제일 좋아하는 가수는 로니예요.
에릭 : 어떤 사람들에게 한국 힙합 음악을 추천해 주고 싶어요?
리타오: 자유로운 사고방식을 가진 사람들이 힙합을 좋아할 거예요.

분야　빈도　한류　아이돌　랩

2 표현을 익혀 봅시다.

도움말

인터뷰를 목적으로 다른 사람에게 하는 질문은 대답이 분명히 나올 수 있도록 간결하고 구체적이어야 한다. 무엇보다도 인터뷰 목적에 맞는 내용이어야 하고, 질문의 순서가 논리에 맞아야 한다. 또한 질문은 서로 유기적으로 연결이 되어야 하며, 질문자는 답변에 대해 공감을 표시하는 것이 좋다. 질문이 모두 끝난 후에는 응답자에게 감사의 인사를 하도록 한다.

인터뷰하기	• 그럼 지금부터 질문을 드리겠습니다. 제일 좋아하는 한국 연예인이 누구입니까? • 다음 질문을 드리겠습니다. 언제부터 그 연예인을 좋아하게 되었습니까? • 그 가수의 장점과 단점을 말씀해 주실 수 있습니까? • 지금부터 한국 영화에 대한 질문을 시작하겠습니다. 응답자께서는 얼마나 자주 한국 영화를 보십니까? • 어떤 방식으로 한국 영화를 보십니까? • 마지막 질문을 드리겠습니다. 지금까지 본 한국 영화 중에서 제일 인상적이었던 영화가 무엇입니까? 그리고 왜 그 영화가 인상적이었는지도 말씀해 주시기 바랍니다. • 첫 번째 질문입니다. 선생님의 직장에는 복장 규정이 있습니까? • 두 번째 질문을 드리겠습니다. 평소에 어떤 옷차림으로 출근하십니까? • 마지막으로 직장의 복장 규정이 필요하다고 생각하십니까? 왜 그렇게 생각하시는지 그 이유도 함께 말씀해 주십시오. • 이상으로 질문을 모두 마치겠습니다. 귀한 시간을 내주셔서 정말 감사합니다. • 질문은 여기까지입니다. 수고 많으셨습니다. • 답해 주셔서 진심으로 감사드립니다. 큰 도움이 되었습니다.

복장

3 보기 와 같이 이야기해 봅시다.

질문자	주제	질문
보기 응웬 흐엉	한국인이 좋아하는 연예인	• 좋아하는 연예인 이름 • 좋아하게 된 시기 • 좋아하게 된 이유 • 그 연예인의 장점과 단점 • 그 연예인에 대한 응원 활동
❶ 존 카마우	외국인에게 인기 있는 한국 영화	• 한국 영화를 보는 횟수 • 한국 영화를 보는 방법 • 한국 영화를 좋아하는 이유 • 좋아하는 한국 배우나 감독 • 제일 인상적이었던 영화와 그 이유
❷ 에릭 파커	한국 직장인의 옷차림	• 직장의 복장 규정 • 출근 시 옷차림 • 근무 시 옷차림 • 자신이 원하는 옷차림 • 복장 규정의 필요성과 그 이유
❸ 사토 유키	한국인의 직업관	• ______ • ______ • ______ • ______ • ______

보기

흐엉 : 그럼 지금부터 질문을 드리겠습니다. 먼저 제일 좋아하는 한국 연예인이 누구입니까?

한국인: 저는 아이돌 그룹 카이로스의 팬입니다.

흐엉 : 아, 그렇군요. 요즘 세계적으로 큰 인기를 끌고 있는 그룹인데 응답자분께서는 언제부터 카이로스를 좋아하게 되었습니까?

한국인: 제가 대학교에 다닐 때, 그러니까 카이로스의 무명 시절부터 팬이었습니다.

흐엉 : 네, 알겠습니다. 다음 질문을 드리겠습니다. 카이로스를 좋아하는 이유가 무엇입니까?

한국인: 뭐니 뭐니 해도 칼군무가 멋있기 때문이라고 할 수 있지요.

흐엉 : 역시 그렇군요. 팬으로서 카이로스의 장점과 단점을 모두 말씀해 주실 수 있습니까?

한국인: 제일 큰 장점은 팬들과 소통을 잘한다는 점입니다. 그리고 단점은 노래를 발표한 후에 휴식 기간이 긴 편이라서 팬들이 오래 기다려야 한다는 겁니다.

흐엉 : 마지막으로 팬들의 응원 활동은 어떤 것이 있는지 하나만 말씀해 주시기 바랍니다.

한국인: 팬 카페 회원이 15만 명인데 신곡이 발표될 때마다 음원 사이트에서 스트리밍하는 게 제일 중요한 활동입니다.

흐엉 : 잘 알겠습니다. 이상으로 질문을 모두 마치겠습니다. 귀한 시간을 내주셔서 정말 감사합니다.

II. 정리해 봅시다

한류 배우의 팬 카페에 질문을 올려 봅시다.

❙ 아름다운 남자 이민오 팬 카페

● 질문방

오빠, 배우가 된 계기가 뭐예요?

무명 칼군무 팬 카페 신곡 음원 스트리밍

14과 대중문화와 영상 매체

• 학습 목표: 둘 이상의 대상을 비교하여 공통점과 차이점을 쓸 수 있다.

Ⅰ. 준비해 봅시다

숫자: 극장 관객 수

- 지금까지 본 한국 영화 중에서 기억에 남는 작품이 있습니까? 어떤 점이 인상적이었습니까?
- 위 영화들의 공통점은 무엇입니까?

쓰기1

I. 표현해 봅시다

1 보기 와 같이 공통점을 표현해 봅시다.

보기

개봉 2016년 7월 20일

첫 방송 2016년 12월 2일

①

제작비 1억 2천만 원

제작비 15억 원

②

곰

개구리

③

보기

영화 '부산행'과 드라마 '도깨비'는 같은 시기에 대중적인 인기를 얻었던 작품들이다. 그리고 이 두 작품은 공통적으로 비현실적인 소재를 다루고 있다.

개봉　제작비　곰　개구리　대중적　공통적　다루다

2 표현을 익혀 봅시다.

도움말

둘 이상의 대상에 대해서 공통점을 쓸 때에는 객관적인 사실에 근거해서 비슷하거나 공통적인 부분에 대해서 기술한다.

- 두 작품은 모두 같은 시기에 대중적인 인기를 얻었다.
- 두 영화는 각각 1억 2천만 원과 15억 원의 적은 예산으로 만들어졌지만 관객 동원에 성공한 작품이라는 점에서 공통점이 있다.
- 곰과 개구리는 종류가 다른 동물이지만 겨울잠을 잔다는 공통점을 가지고 있다.
- 홍차는 커피와 마찬가지로 카페인을 다량 함유하고 있다.
- 두 영화의 공통점은 인기 소설이 원작이라는 점이다.
- 두 작품 모두 비현실적인 세계를 배경으로 한다는 점이 같다.
- 두 영화는 역사적인 사건을 바탕으로 해서 만들어졌다는 점이 공통적이다.
- 영화 '백설 공주'와 '인어 공주'는 모두 미국의 유명한 만화 영화 제작사에서 만들었다는 공통점을 지니고 있다.
- 이 두 작품은 전 세계적으로 사랑받는 어린이 동화를 영화화했다는 점이 공통적이다.

3 보기와 같이 두 대상의 공통점을 써 봅시다.

보기

보기

'해리 포터'와 '반지의 제왕'은 둘 다 판타지 장르의 영화이며 전 세계적으로 흥행에 성공했다는 공통점이 있다. 또한 두 작품은 모두 인기 소설을 원작으로 한 영화라는 점도 같다.

예산 동원 다량 함유하다 원작 바탕 제작사 영화화하다 판타지 흥행

1

영화 '명량'과 '택시 운전사'는 두 작품 모두 극장 관객 수가 천만 명을 넘어 흥행에 성공한 영화라는 공통점을 지니고 있다. 또한 이 두 영화는 ______________________

____

____

____

2

영화 '백설 공주'와 '인어 공주'는 공통점이 많다. 우선 미국의 유명한 만화 영화 제작사에서 만들었다는 공통점을 지니고 있다. 또한 ______________________

____

____

____

3

구절판

타코

구절판은 고기와 채소 등의 재료를 밀전병에 싸 먹는 한국의 전통 음식이다. 구절판과 비슷한 음식으로 타코가 있다. 타코도 ______________________

____

____

____

4

'기생충'

국내외 30여 개 영화제 90여 개 상 수상

독립영화 '벌새'

국내외 영화제 50여 개 상 수상

____

____

____

____

구절판 타코 밀전병 수상

Ⅰ. 표현해 봅시다

1 보기와 같이 차이점을 표현해 봅시다.

보기

①

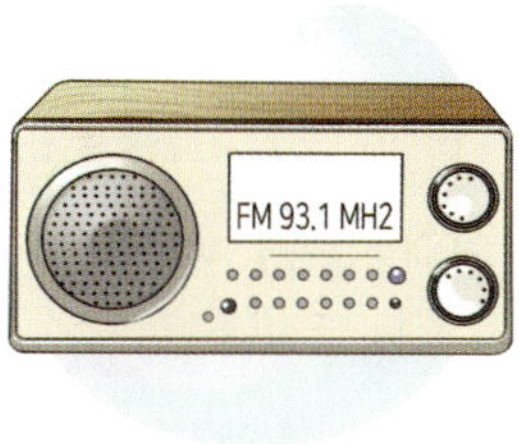

②

③

상어

고래

보기

신문 기사와 텔레비전 뉴스 방송은 정보 전달이라는 공통의 기능을 가지고 있지만 전달 방식에 있어서 차이가 있다. 신문 기사는 글로, 텔레비전 뉴스 방송은 말로 정보를 전달한다는 점이 다르다.

상어 고래

2 표현을 익혀 봅시다.

도움말

둘 이상의 대상에 대해서 차이점을 쓸 때에는 객관적인 사실에 근거하여 차이가 나는 부분에 대해서 기술한다.

- 신문 기사는 글로, 텔레비전 뉴스 방송은 말로 정보를 전달한다는 점이 다르다.
- 라디오는 음성으로만 정보를 전달하지만 텔레비전은 음성과 영상으로 정보를 전달한다는 점에서 두 매체는 차이가 난다.
- 인터넷 채팅으로는 상대방의 얼굴을 볼 수 없으나 영상 통화를 할 때는 상대방의 얼굴과 표정을 볼 수 있다는 점에서 둘의 소통 방식에 차이가 있다.
- 상어와 고래는 둘 다 바다 동물이지만 어류에 속하는 상어와 달리 고래는 포유류에 속한다.
- 보통 텔레비전 방송은 정보를 전달하는 방식이 일방적인 반면에 인터넷 실시간 방송은 쌍방향적이다.
- 극장에서 대형 화면으로 영화를 보면 집에서 보는 것에 비해서 더 생생한 감동을 느낄 수 있다.
- 가수의 콘서트장에서는 가수가 노래할 때 관람객들이 자리에서 일어나서 큰 소리로 노래를 따라 부를 수 있다. 이와 달리 클래식 음악회에서는 관람객들이 자리에 앉아서 조용히 음악을 감상해야 한다.

어류 속하다 포유류 일방적 쌍방향적 생생하다 클래식 음악회

3 보기 와 같이 두 대상의 차이점을 써 봅시다.

보기

보기

텔레비전 방송과 인터넷 실시간 방송은 둘 다 영상을 매개로 정보를 전한다. 그러나 보통 텔레비전 방송은 정보를 전달하는 방식이 일방적인 반면에 인터넷 실시간 방송은 쌍방향적이다.

1

같은 영화를 보더라도 극장에서 볼 때와 집에서 볼 때 느낌이 다르다. 극장에서 대형 화면으로 영화를 보면 집에서 보는 것에 비해서 ______________________

____

____

____

2

요즘 가수의 콘서트나 클래식 음악회에 가서 공연을 즐기는 사람들이 많다.

3

개와 고양이는 사람들이 반려동물로 가장 많이 키우는 동물이다.

반려동물

4

I. 정리해 봅시다

과거와 현재의 대중 매체의 공통점과 차이점에 대해서 간단히 이야기해 봅시다.

복습

1 보기 와 같이 이야기해 봅시다.

	①	②	③
목적	대학 입학	채용 정보 수집	학교 과제 수행
이름/국적/직업	리타오/중국 /한국어어학당 학생	응웬 흐엉/베트남 /한국어어학당 학생	최주앙/브라질 /한국어어학당 학생
대화 상대	연희 대학교 사무실 직원	채용 박람회의 고려 백화점 직원	처음 만난 한국 사람
동기	• 경영학과 수업 내용이 우수함. • 대학 입학 정보를 얻고 싶음.	• 고려 백화점은 업계 1위 • 마케팅 전문가로서 일하고 싶음.	• 어학당 과제를 위한 인터뷰 • 한국인의 여가 생활 조사 목적
정보 묻기	• 대학 입학에 필요한 서류 • 장학금 조건	• 업무의 종류와 내용 • 급여와 복리 후생	• 직업과 연령대 • 자주 하는 여가 활동의 종류와 빈도

보기

직원 : 어떻게 오셨어요?

리타오: 안녕하세요. 저는 지금 한국어학당에 다니고 있는 중국 학생 리타오라고 합니다. 실례지만 몇 가지 여쭤 보고 싶어서요.

직원 : 네, 말씀하세요.

리타오: 저는 중국에 있을 때부터 연희 대학교 경영학과의 수업 내용이 우수하다는 이야기를 많이 들었습니다. 그래서 연희 대학교에 입학하고 싶은데, 대학 입학에 대한 정보를 좀 알고 싶어서 왔어요.

직원 : 무엇을 알고 싶으세요?

리타오: 대학 입학에 필요한 서류로는 무엇이 있을까요? 그리고 장학금을 받기 위한 조건은 무엇인지도 말씀해 주실 수 있습니까?

2 한국어를 공부하는 목적을 글로 써 봅시다.

채용 박람회　업계　급여　복리 후생

문화

명대사로 보는 한국 영화

"어떻게 사랑이 변하니?"

상우(유지태)가 헤어지자고 말하는 은수(이영애)에게 하는 이 말에서 사랑은 변하지 않을지 몰라도 사람은 변한다는 쓸쓸함을 느낄 수 있다. 사랑이 봄날처럼 왔다가 가는 모습을 서정적인 장면과 아름다운 음악으로 잘 표현한 작품이다. 또 다른 유명한 대사로는, 밤늦게 집에 데려다 준 상우에게 은수가 한 말인 "라면 먹을래요?"가 있다. "라면 먹고 갈래요?"라는 표현으로 정착되어 사용되고 있다.

"너나 잘하세요."

누명을 쓰고 감옥에서 13년을 보낸 이금자(이영애)의 감옥에서의 별명은 친절한 금자 씨. 그러나 감옥을 나온 금자의 무표정한 얼굴과 싸늘한 목소리가 인상적인 이 대사는 어법에 맞지 않는 표현이어서 더 의미가 증폭된다. 겉으로는 존댓말인 듯하나 실제로는 상대방을 무시하고 비난하는 의미가 있다. 이 대사는 많은 패러디를 낳았으며, 이 영화를 보지 않은 사람도 "너나 잘하세요."라는 대사는 알고 있는 경우가 많다.

"너는 다 계획이 있구나."

<기생충>은 칸 영화제 황금종려상, 아카데미 작품상 외에 많은 상을 수상하고 상업적으로도 성공한 블랙 코미디 영화로 상류층과 하류층 두 가족이 만나며 벌어지는 일을 그렸다. 봉준호 감독은 <기생충>에 대해 "이 영화는 악인이 없으면서도 비극이고, 광대가 없는데도 희극이다."라고 말했다. 이 대사는 하류층 가족의 아들인 기우(최우식)가 서류를 위조하며 변명하듯 뱉은 대사에 아버지인 기택(송강호)이 한 말로, 이 일에서 모든 비극은 시작된다.

15과 개인과 공동체

• 학습 목표: 표와 그래프를 이용해서 조사 결과를 설명할 수 있다.

Ⅰ. 준비해 봅시다

대학생의 연간 자원봉사 시간

	2년 전	1년 전	현재
남자	14시간	15시간	17시간
여자	19시간	20시간	21시간

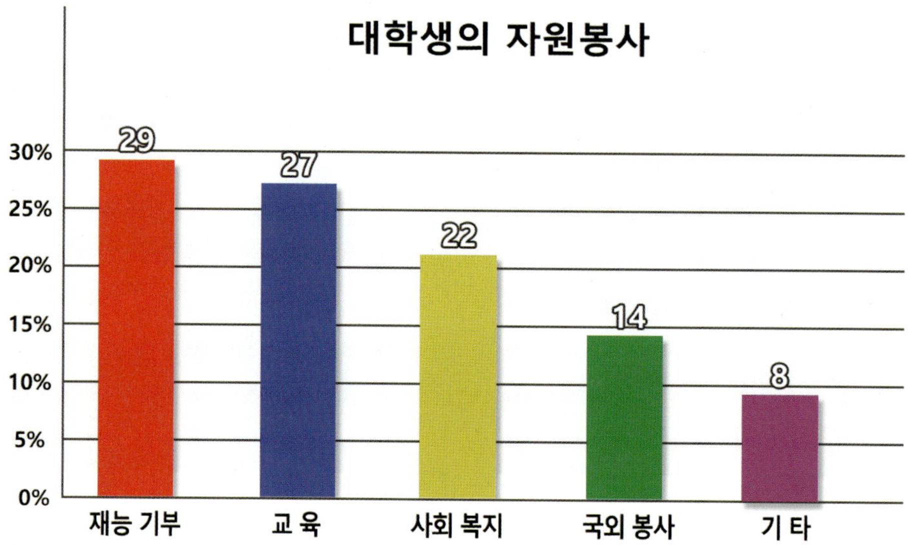

- 여러분의 자원봉사 경험 중에서 가장 기억에 남는 것은 무엇입니까?
- 표와 그래프에 나타난 대학생 자원봉사 활동의 특징은 무엇입니까?

표현해 봅시다

1 다음 표를 보고 보기 와 같이 이야기해 봅시다.

보기 자원봉사 참여 동기

1위	타인을 돕는 기쁨
2위	보람 있는 여가 생활
3위	자기 발전
4위	회사의 단체 활동
5위	타인의 권유

① 자원봉사

사회 복지	캠페인	기술
노인 시설	자연 보호	미용
장애인 시설	교통안전	의료

② 서울 시민의 기부 희망 분야

1위	사회 복지
2위	국외 구호 활동
3위	의료
4위	교육 및 연구
5위	지역 사회 발전

③ 신입 사원 오리엔테이션 일정표

시간	일정
3:00~5:00	특강
5:00~6:00	숙소 이동
6:00~7:00	저녁 식사
7:00~9:00	선배와의 대화

보기

존 : 유키 씨, 지금 뭘 보고 있어요?

유키: 봉사 활동을 시작하려고 자원봉사 웹사이트에 들어가 봤는데 사람들의 자원봉사 참여 동기가 참 다양하네요.

존 : 사람들이 어떻게 자원봉사를 시작하게 됐대요?

유키: 다른 사람을 돕는다는 기쁨 때문에 봉사 활동을 한다는 사람이 제일 많아요. 그 다음으로는 보람 있는 여가 생활을 위해서, 그리고 자기 발전을 위해서 한다고 해요.

보람 미용 구호 지역 사회 특강 숙소

2 표현을 익혀 봅시다.

도움말

표를 말로 설명할 때에는 먼저 표의 제목 또는 주제를 소개한 후 표의 내용을 왼쪽에서 오른쪽, 위에서 아래의 순서로 이야기한다. 또는 표에서 차지하는 비중이 높은 항목부터 설명하기도 한다.

도입	• 자세한 내용은 표를 보면서 설명드리겠습니다. • 다음은 신입 사원 오리엔테이션 일정을 나타내는 표입니다. • 연령대별, 성별 자원봉사자 수에 대한 조사 결과는 다음 표와 같습니다. • 이 표는 20대가 선호하는 대중 매체를 종류에 따라 나누어 보여 주고 있습니다.
표 설명하기	• 자원봉사의 분야는 크게 사회 복지, 캠페인, 기술 분야의 세 가지로 나누어 볼 수 있겠습니다. • 서울 시민들은 기부 희망 분야를 다음의 다섯 가지로 꼽았습니다./들었습니다. 1위부터 사회 복지, 국외 구호 활동, 의료, 교육 및 연구, 지역 사회 발전 순입니다. • 이 표에서 볼 수 있듯이 저녁 식사를 한 후에는 선배와의 대화 시간이 있습니다. • 먼저 자원봉사를 가장 많이 하는 연령대는 50~60대로 나타났습니다. 다음으로 10~20대가 그 뒤를 이었고 마지막은 30~40대였습니다. • 대중 매체는 전달 방식에 따라 전자 매체와 영상 매체, 인쇄 매체로 나눌 수 있습니다. • 자원봉사 참여 횟수가 연령대가 높아짐에 따라 점점 증가하는 것을 볼 수 있습니다.

연령대별　꼽다

3 보기와 같이 이야기해 봅시다.

보기 연령대별, 성별 자원봉사자 수

(단위: 명)

	10~20대	30~40대	50~60대
남	155만	88만	177만
여	202만	136만	277만

① 연령대별 자원봉사 참여 경험

	경험(%)	횟수(회)
13~19세	80.1	5.4
20~29세	13.7	7.4
30~39세	11.2	7.6
40~49세	17.3	9.3
50~59세	14.5	9.7
60세 이상	7.8	12.3

② 분야별 자원봉사 참여자 비율

(단위: %)

봉사 분야	참여 비율
생활 편의	35
방범 활동	24
문화 행사	20
환경 보호	16
기타	5

③ 신용카드 및 체크카드 결제 건수

(단위: 건)

	2년 전	1년 전	올해
신용	2870만	3240만	3570만
체크	1750만	2010만	2230만

보기

제가 오늘 말씀드리고자 하는 것은 연령과 성별에 따른 자원봉사자 수에 대한 것입니다. 그럼, 자세한 내용은 표를 보면서 순서대로 설명 드리겠습니다. 이 표는 연령대별, 성별 자원봉사자 수를 보여 주고 있습니다. 먼저, 20대까지의 자원봉사자 수는 남자 155만 명, 여자 202만 명으로 나타났습니다. 다음으로, 30대에서 40대까지의 남자 봉사자 수는 88만 명, 여자 봉사자 수는 136만 명으로 이어졌습니다. 마지막으로, 50대와 60대의 자원봉사자 수는 남자 177만 명, 여자 277만 명이었습니다. 자원봉사자의 수는 한창 일하는 시기인 30대와 40대에는 줄어들었다가, 50~60대가 되면 다시 늘어나는 모습을 보이고 있습니다.

방범 건

II. 표현해 봅시다

1 다음 그래프를 보고 보기 와 같이 이야기해 봅시다.

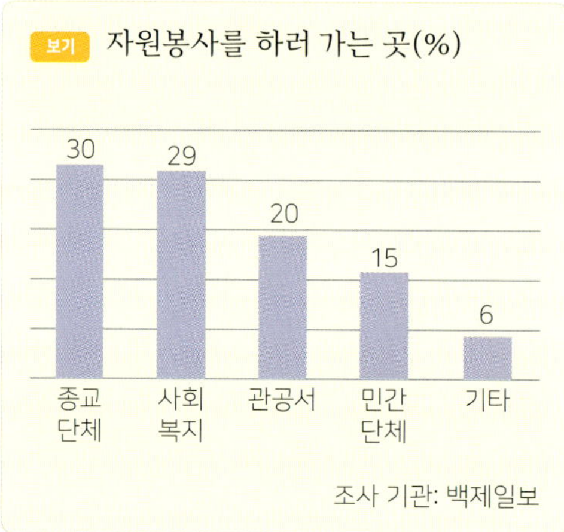

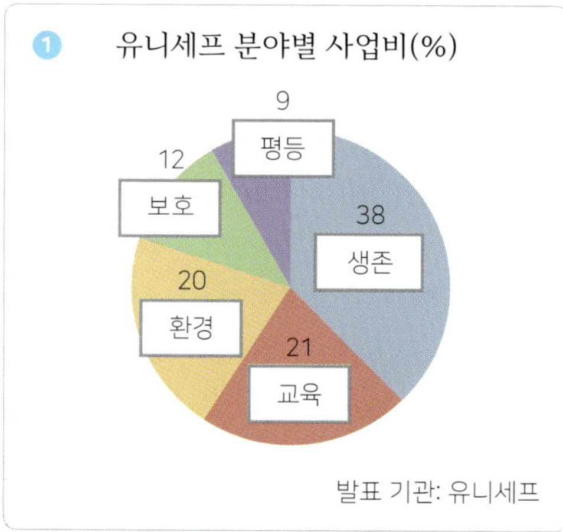

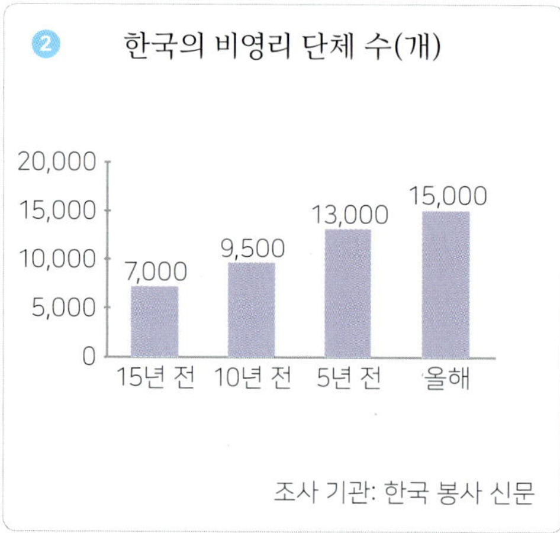

보기

존　: 사람들은 보통 어디에서 봉사 활동을 많이 해요?

유키: 어디 한번 볼까요? 백제일보의 조사에 따르면 종교 단체나 사회 복지 기관에서 봉사 활동을 하는 사람이 제일 많은 것으로 나타났어요. 그 다음으로는 관공서, 마지막으로 민간 단체예요.

존　: 유키 씨는 사회 복지 기관에서 봉사 활동을 하고 싶다고 했지요?

유키: 네. 예전부터 그쪽에 관심이 있었거든요. 관련 기사를 쓰고 싶기도 하고요.

관공서　민간　유니세프(UNICEF)　생존　비영리　공유

2 표현을 익혀 봅시다.

도움말

그래프를 설명할 때 가로축과 세로축이 있는 그래프에서는 그것이 각각 무엇을 의미하는지를 먼저 파악한 후, 그래프에 나타난 숫자의 변화에 중점을 두어 설명한다. 원그래프의 경우 비중이 가장 높은 것부터 순서대로 설명한다.

그래프 설명하기	• 그래프에 의하면/따르면 종교 단체가 30%로 제일 많은 수를 차지하고 있다는 것을 알 수 있습니다. 즉, 봉사 활동을 하는 사람 열 명에 세 명꼴로 종교 단체에서 봉사 활동을 한다는 것입니다. • 유니세프의 분야별 사업비는 어린이들의 생존을 위한 비용이 1위를 차지했습니다. 그리고 다음으로는 교육, 환경, 보호, 평등을 위한 비용의 순으로 나타났습니다. • 공유 자전거 이용자 수는 5년 전에 161만 명이었다가/이었던 것이 올해에는 1900만 명으로 증가하였습니다. 이는 10년 동안 약 11배가 증가한 것입니다. • 국외 아동 후원을 하는 이유가 무엇이냐는 질문에 후원자들은 다음과 같이 대답했습니다. 첫째로/먼저, 유대감이 30%를 차지했습니다. 둘째로/다음으로, 성장하는 모습을 지켜보고 싶다는 대답이 29%로 그 뒤를 이었습니다. 셋째로/마지막으로, 1:1 후원이 가능하다는 점이 10%로 나타났습니다.
결론	• 보시다시피 시간의 흐름에 따라 비영리 단체의 수가 지속적으로 증가하고 있다는 것을 알 수 있습니다. • 공유 자전거 이용자 수는 시간이 지나면서 대폭 증가한 것으로 나타났습니다. • 이 그래프에서 주목해야 할/중요한 점은 3년 전부터 이용자 수가 급격히 증가했다는 것입니다. • 이 그래프를 보면 일대일로 후원하는 아동의 성장 과정을 지켜보는 기쁨과 후원 이유가 관련이 크다는 것을 알 수 있습니다. • 그 시기에 지원금이 크게 증가했다는 것은 그만큼 국제 사회에 대한 관심이 커졌고, 지원 금액을 부담할 만한 능력이 생겼다는 것을 보여 준다고 하겠습니다.

분야별　사업비　대폭　급격히　일대일　지원금

II. 표현해 봅시다

3 다음 그래프를 보고 보기 와 같이 이야기해 봅시다.

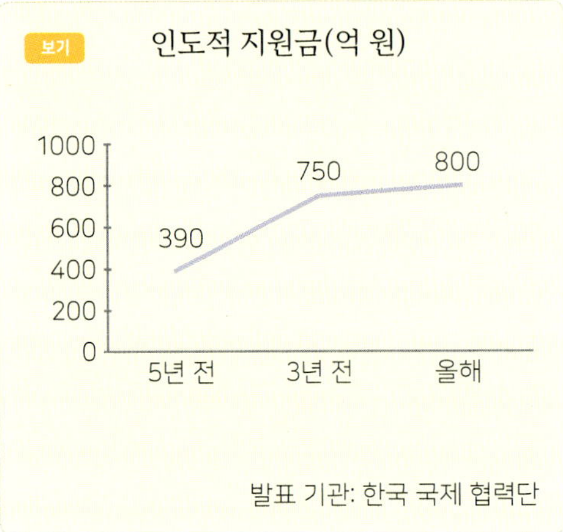

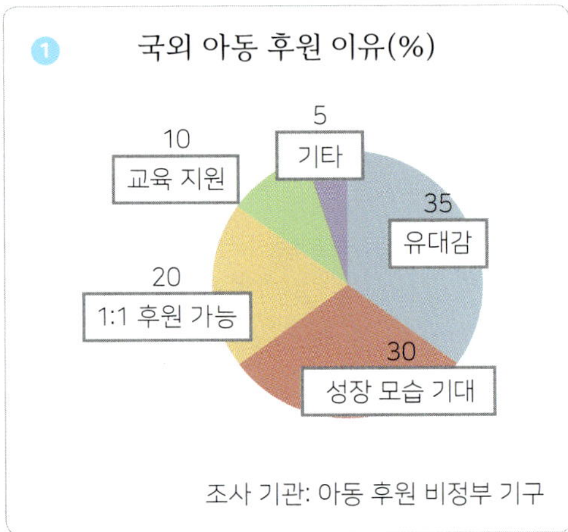

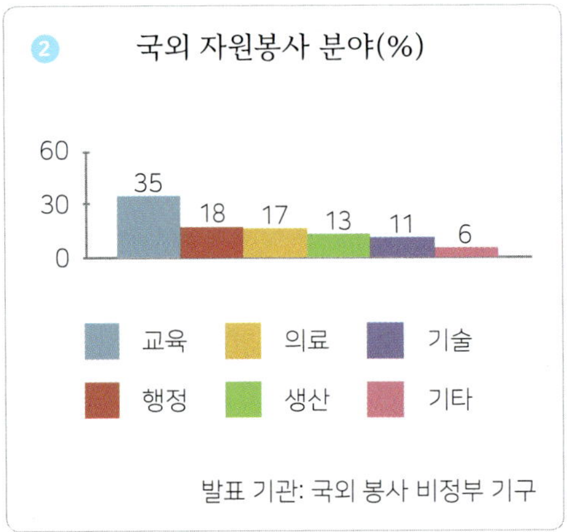

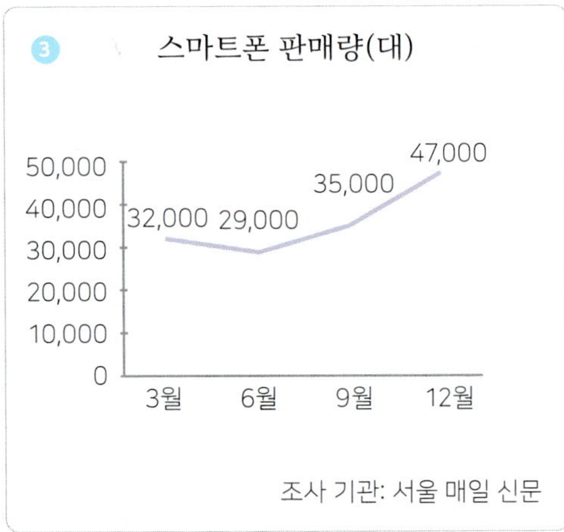

보기

인도적 지원금에 대한 한국 국제 협력단의 발표 결과는 다음과 같습니다. 이 그래프에 의하면 지원된 금액은 5년 전에 390억 원이었던 것이 3년 전에는 750억 원으로 늘어났고, 올해는 800억 원으로 증가하였습니다. 이는 5년 동안 410억 원이 증가한 것입니다. 이 그래프에서 주목해야 할 점은 3년 전부터 지원금이 급격히 늘어났다는 것입니다. 그 시기에 지원금이 크게 증가했다는 것은 국제 사회에 대한 관심이 커지고 지원 금액을 부담할 만한 능력이 생겼다는 것을 보여 준다고 하겠습니다.

인도적　한국 국제 협력단(KOICA)　후원　비정부 기구　행정　판매량　부담하다

Ⅱ. 정리해 봅시다

친구들의 스마트폰 사용 시간을 조사한 후 그 결과를 표나 그래프로 만들어 이야기해 봅시다.

16과 사회 공동체

• 학습 목표: 조사 결과를 분석하여 시각 자료로 표현하고 분석한 자료를 비교하는 글을 쓸 수 있다.

Ⅰ. 준비해 봅시다

< 설문 조사 결과 >

1. 서울 지역에 쓰레기 처리장을 설립하는 것에 찬성하십니까?
: 찬성(85%), 반대(15%)

2. 본인 거주 지역 내에 쓰레기 처리장을 설립하는 것에 찬성하십니까?
: 찬성(38%), 반대(62%)

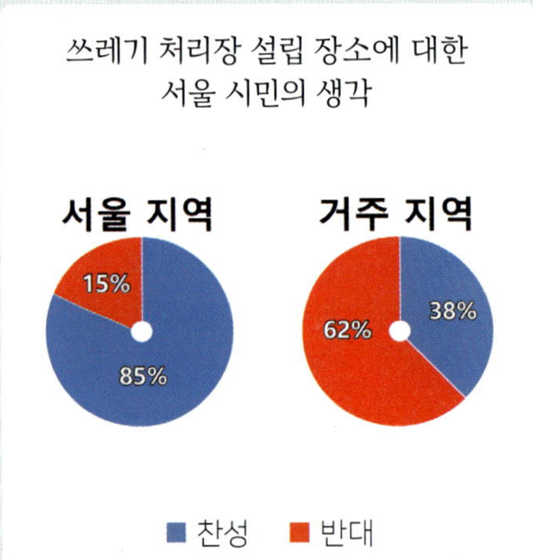

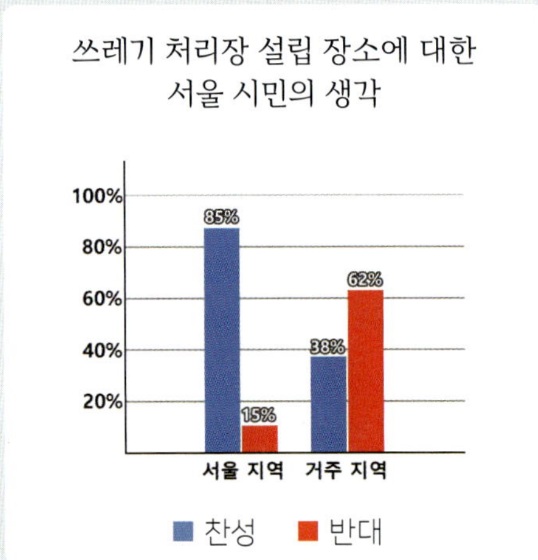

※서울 시민 1,000명 대상

- 여러분이 사는 지역에 쓰레기 처리장을 설립해야 한다면 찬성하시겠습니까?
- 위의 두 시각 자료 중 어느 것이 조사 결과를 효과적으로 보여 줄 수 있습니까?

쓰기 1

Ⅱ. 표현해 봅시다

1 보기 와 같이 표현해 봅시다.

보기 거주 지역 내 희망 유치 시설

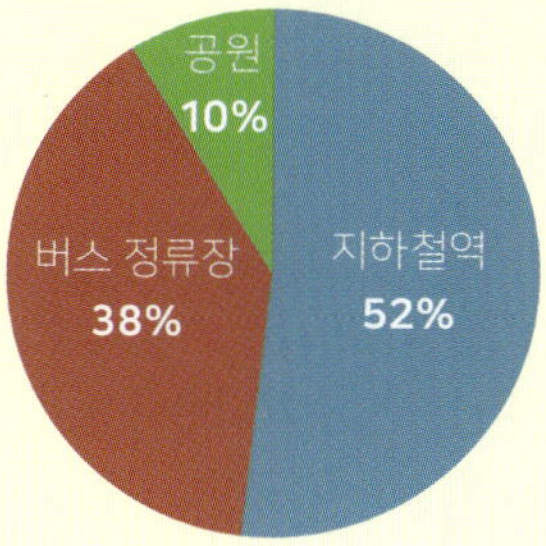

① 대중교통 이용 시 이기적이라고 생각하는 행동은 무엇입니까?

① 다리를 벌리고 좌석에 앉는 행동 (35명)
② 노약자석, 임산부 배려석에 앉는 행동 (24명)
③ 승객이 내리기 전에 타는 행동 (30명)
④ 큰 소리로 대화하거나 통화하는 것 (11명)

② 공동생활의 불편한 점

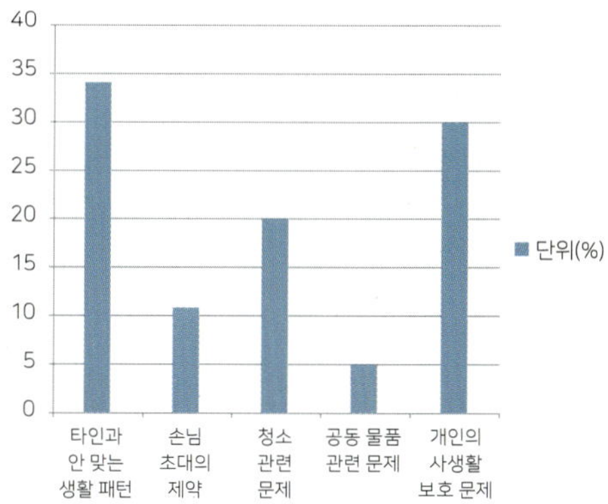

③ 국내 대학의 외국인 유학생 수

(단위: 명)

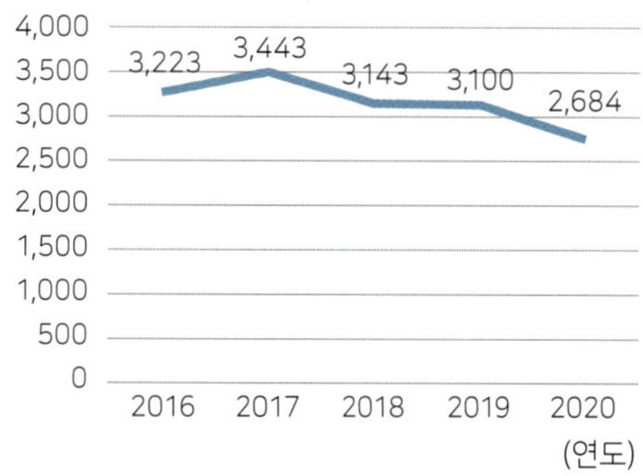

보기

거주 지역에 유치되기를 희망하는 시설을 조사한 결과 지하철역이라고 대답한 사람이 가장 많은 것으로 나타났다.

유치하다 패턴 배려석

2 표현을 익혀 봅시다.

도움말

분석하는 글을 쓸 때 먼저 조사의 주제가 무엇인지 설명하고 중요한 결과를 중심으로 정리해서 제시하는 것이 좋다. 조사 결과를 표, 그래프 등의 시각 자료를 활용하여 보여 주면 더 효과적이다. 분석 결과를 설명한 후에 시각 자료를 제시할 수도 있고 시각 자료를 먼저 제시한 후에 분석 결과를 설명할 수도 있다.

결과 분석	• 거주 지역에 유치되기를 희망하는 시설을 조사한 결과 지하철역이라고 대답한 사람이 가장 많은 것으로 나타났다. • 대중교통 이용 시 이기적이라고 생각하는 행동으로 '다리를 벌리고 앉는 행동(35명)'을 가장 많이 꼽았고 '승객이 내리기 전에 타는 행동(30명)', '노약자석, 임산부 배려석에 앉는 행동(24명)'이 그 뒤를 이었다. • 공동생활의 불편한 점으로 '타인과 안 맞는 생활 패턴'이 34%, '개인의 사생활 보호 문제'가 30%, '청소 관련 문제'가 20%를 차지하였다. • 본 설문 조사를 통하여 사람들이 공동생활을 하더라도 자신의 생활 패턴을 중시하는 것으로 밝혀졌다/드러났다. • 조사 결과를 살펴보면 국내 대학에 재학 중인 외국인 유학생이 점진적으로 감소하고 있는 것을 알 수 있다. • 조사 결과를 보면 각 학교에서의 온라인 수업의 비중이 갈수록 높아지고 있다. • 시민들의 의견을 분석한 결과 지역 내에 공장을 설립하면 집값이 하락할 것을 염려하는 것으로 드러났다. • 위의 도표를 보면 많은 시민들이 거주 지역에 지하철이 유치되기를 희망한다는 사실을 알 수 있다. • 위의 도표에서 보듯이 인기 있는 집들이 선물은 '휴지'가 72%로 압도적으로 높게 나타났고 '꽃'은 7%에 그쳤다.
분석 자료 제시	• 조사 결과를 아래와 같이 표로 나타냈다. • 조사 결과를 다음과 같이 그래프로 정리하였다. • 설문 조사의 결과를 표로 정리하면 다음과 같다. • 설문 조사의 결과를 그래프로 보이면 아래와 같다. • 이번 조사의 결과는 아래의 표에서 확인할 수 있다.

점진적　비중　도표　압도적　그치다

3 보기 와 같이 써 봅시다.

보기

<거주 지역 내 병원 설립>

보기

거주 지역 내 병원 설립에 대한 조사 결과에 따르면 거주 지역 내 병원 설립에 '반대한다'는 의견이 74%로 압도적으로 높게 나타났고 '찬성한다'는 의견은 18%에 그쳤다. 조사 결과를 표로 정리하면 다음과 같다.

거주 지역 내 병원 설립

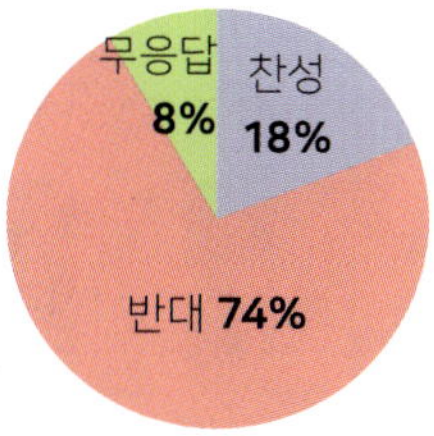

1

<거주 지역 내 희망 유치 시설>

____

____

____

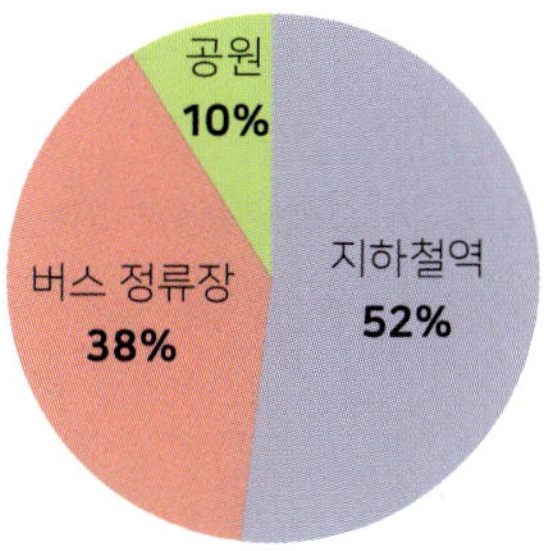

❷

<설문 조사 결과>

▸ 대중교통 이용 시 이기적이라고 생각하는 행동은 무엇입니까?

❶ 다리를 벌리고 좌석에 앉는 행동(35명)
❷ 노약자석, 임산부 배려석에 앉는 행동(24명)
❸ 승객이 내리기 전에 타는 행동(30명)
❹ 큰 소리로 대화하거나 통화하는 것(11명)

____

____

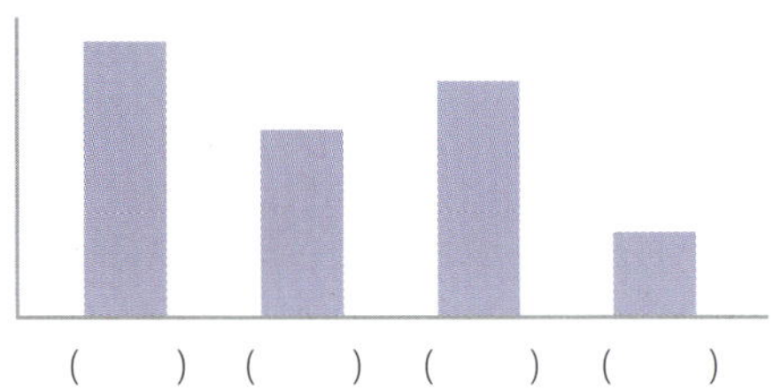

도표1. ____________________

❸

<건물 내 무인 시스템 도입 현황>

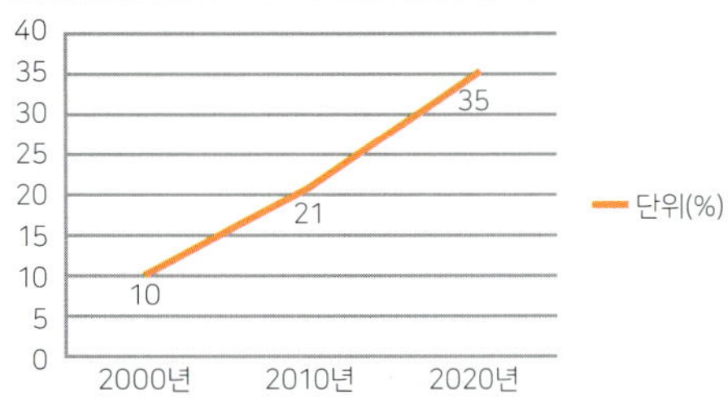

도표1. 건물 내 무인 시스템 도입 현황

<도표 1>에서 보듯이 ______________________________

____

____

____

4

<설문 조사 결과>

▸ 거주 지역 내 공장 설립을 반대하는 이유는 무엇입니까?

1. 소음과 매연(45%)
2. 집값 하락(38%)
3. 질병(13%)
4. 기타(4%)

도표1. 거주 지역 내 공장 설립 반대 이유

매연 하락

쓰기2

Ⅱ. 표현해 봅시다

1 보기 와 같이 표현해 봅시다.

보기

<다문화 가정 학생의 비율과 다문화 교육 프로그램 시간>

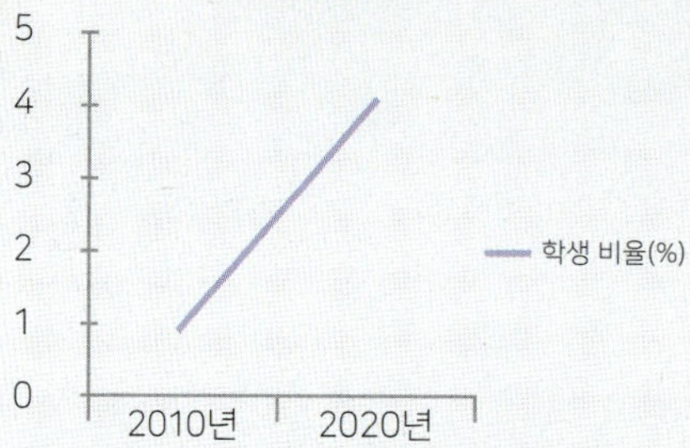

도표1. 수도권 지역 초등학생 중 다문화 가정 학생 비율(%)

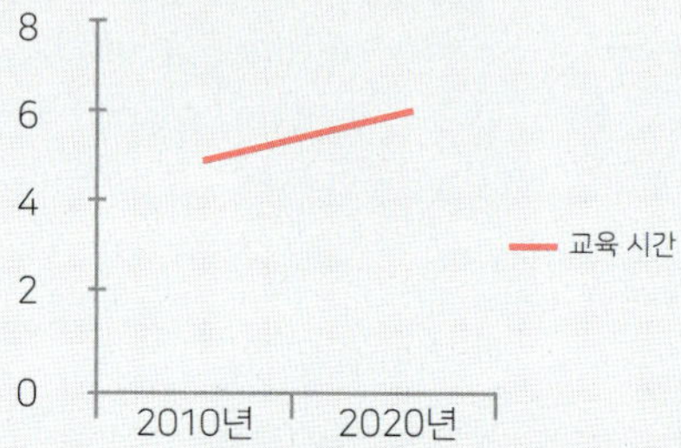

도표2. 초등학교 1년 중 다문화 교육 프로그램 시간(시간)

보기

2010년부터 2020년까지 10년 동안 수도권 지역 초등학생 중 다문화 가정 학생 수는 계속 증가하고 있는데 다문화 가정 학생을 위한 교육 시간은 크게 늘지 않았다.

❶ **<결혼 이민자·귀화자의 자녀 교육 문제>**

만 5세 미만 자녀를 둔 부모	만 6세 이상 자녀를 둔 부모
1. 자녀 교육에서의 어려움은 무엇입니까?	1. 자녀 교육에서의 어려움은 무엇입니까?
① 한국어 교육(35명)	① 학업·진로 정보 부족(37명)
② 돌봄 서비스 부족(32명)	② 교육비·용돈 부담(30명)
③ 배우자·가족 간의 의견 차이(11명)	③ 자녀와의 대화 부족(22명)
④ 어려움 없음(22명)	④ 어려움 없음(11명)

❷ **<한국인의 이민 목적>**

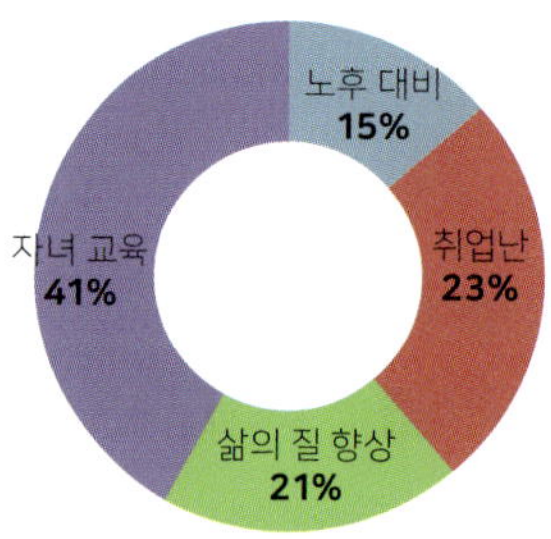

도표1. 2010년 자료

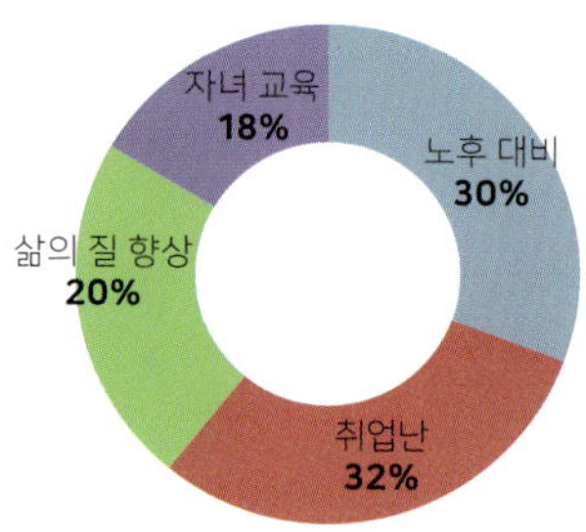

도표2. 2020년 자료

다문화　이민자　귀화자　돌봄　노후

3 **<연령대별 국외 취업 목적>**

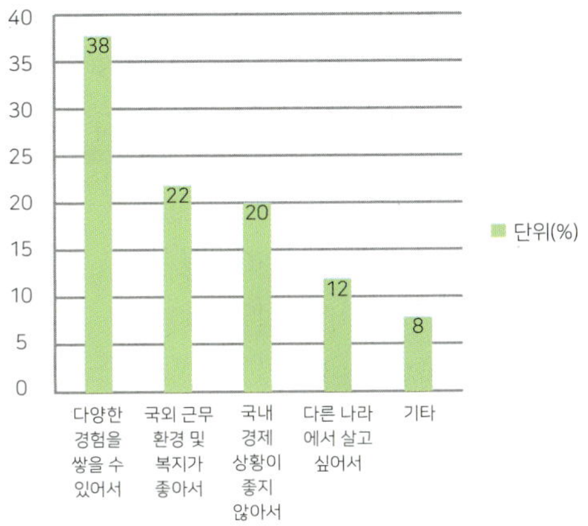

도표1. 20대 국외 취업 목적

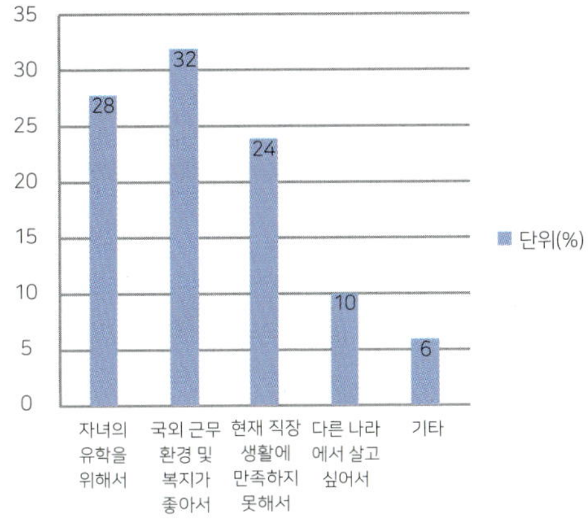

도표2. 40대 국외 취업 목적

2 표현을 익혀 봅시다.

도움말

두 개 이상의 조사 자료를 보고 분석하는 글을 쓸 때는 각 자료의 결과를 먼저 분석한 후에 자료들 간의 차이점이나 변화를 밝히고 조사의 의의를 설명하는 것이 좋다.

- 조사 결과에 따르면 2010년부터 2020년까지 10년 동안 수도권 지역 초등학생 중 다문화 가정 학생 수는 계속 증가하고 있는데 다문화 가정 학생을 위한 교육 시간은 크게 늘지 않은 것으로 나타났다.
- 만 5세 미만의 자녀를 둔 결혼 이민자·귀화자는 '한국어 교육'에서 자녀 교육 문제에 어려움을 느끼는 반면에 만 6세 이상 자녀를 둔 결혼 이민자·귀화자는 '학업·진로 정보 부족'에서 어려움을 느낀다는 결과가 나왔다.
- 한국인의 이민 목적이 2010년에는 '자녀의 교육'이었다면, 2020년에는 '개인의 경제적·사회적 안정'으로 한국인의 이민에 대한 인식이 달라졌다.
- 40대에 비하여 20대가 국외 근무 환경 및 복지 때문에 국외 취업을 준비하는 비율이 더 높다.
- 다른 나라와 비교했을 때 하루 평균 인터넷 사용 시간은 차이가 보이지 않았다/나타나지 않았다.
- 자료에 따르면 집중력이 부족한 학생들이 증가하고 있다는 결과가 나왔다. 이는 학생들이 게임을 즐기는 시간이 갈수록 늘고 있는 결과와 긴밀한 관계가 있다.
- 두 자료를 통해서 학습자들은 학습 기간에 관계없이 말하기를 가장 어려워한다는 점을 알 수 있다.
- 5년 전만 해도 우리 지역의 카페는 10여 곳 뿐이었으나 지금은 카페 매장이 5배 이상 늘어났음을 확인할 수 있다.

3 보기 와 같이 써 봅시다.

보기

<외국인 이주자들이 느끼는 한국 생활의 어려움>

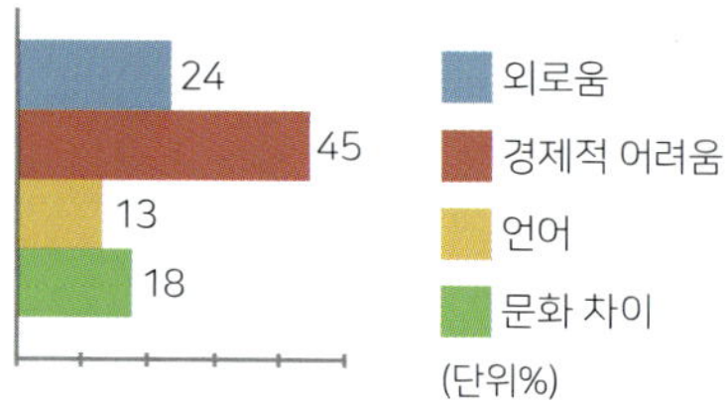

도표1. 2010년 외국인 이주자들이
한국 생활에서 느끼는 어려움

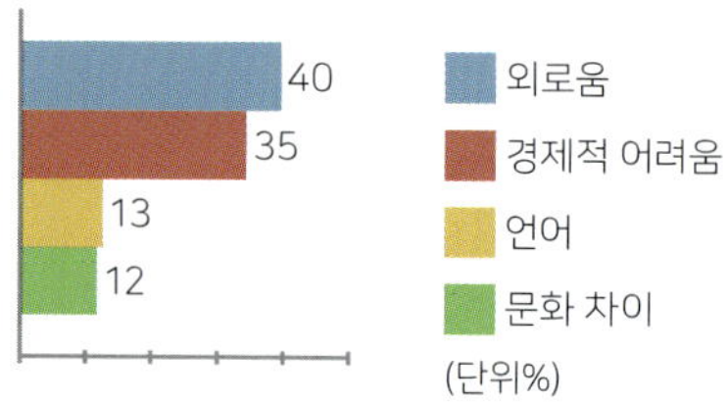

도표2. 2020년 외국인 이주자들이
한국 생활에서 느끼는 어려움

※자료: 가나일보

- 분석 결과: 한국 생활의 어려움을 겪는 부분이 시간의 흐름에 따라 달라짐.

보기

위의 자료는 2010년과 2020년에 외국인 이주자들이 느끼는 한국 생활의 어려움을 조사한 결과이다. 가나일보 자료에 따르면 2010년에는 외국인 이주자들이 한국 생활에서 가장 많이 느끼는 어려움이 '경제적 어려움(45%)'이었던 반면에, 2020년에는 '외로움(40%)'인 것으로 나타났다. 두 자료를 통해서 이주자들이 한국 생활에서 어려움을 겪는 부분이 시간의 흐름에 따라 달라졌다는 점을 확인할 수 있다.

이주자

① **<결혼 이민자·귀화자의 자녀 교육 문제>**

만 5세 미만 자녀를 둔 부모

1. 자녀 교육에서의 어려움은 무엇입니까?

① 한국어 교육(35명)
② 돌봄 서비스 부족(32명)
③ 배우자·가족 간의 의견 차이(11명)
④ 어려움 없음(22명)

만 6세 이상 자녀를 둔 부모

1. 자녀 교육에서의 어려움은 무엇입니까?

① 학업·진로 정보 부족(37명)
② 교육비·용돈 부담(30명)
③ 자녀와의 대화 부족(22명)
④ 어려움 없음(11명)

※자료: 통계청

- 분석 결과: ______________________________

2 <한국인의 이민 목적>

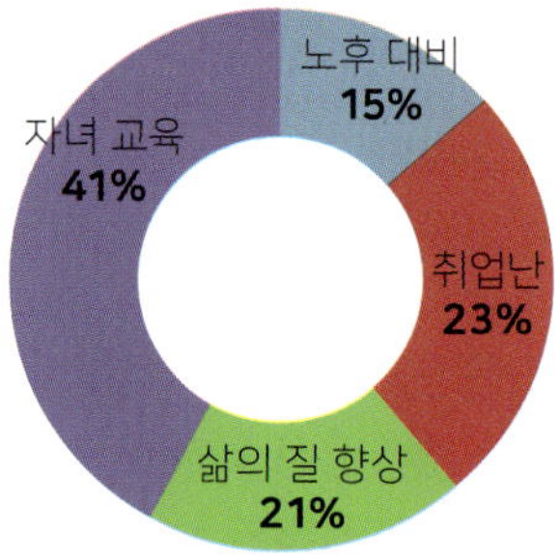

도표1. 2010년 자료

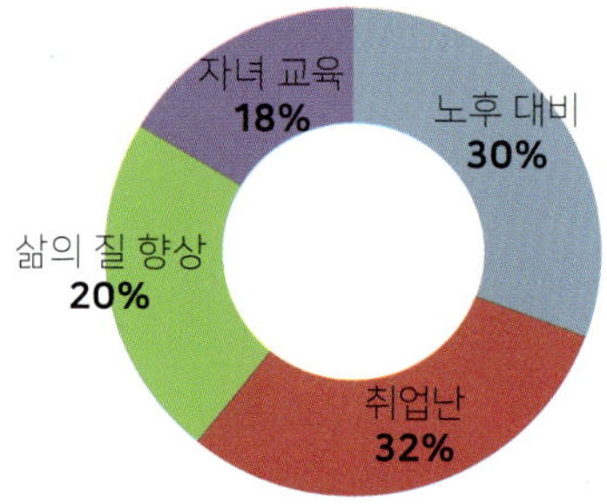

도표2. 2020년 자료

※자료: 가나일보

- 분석 결과: ____________________

3 <연령대별 국외 취업 목적>

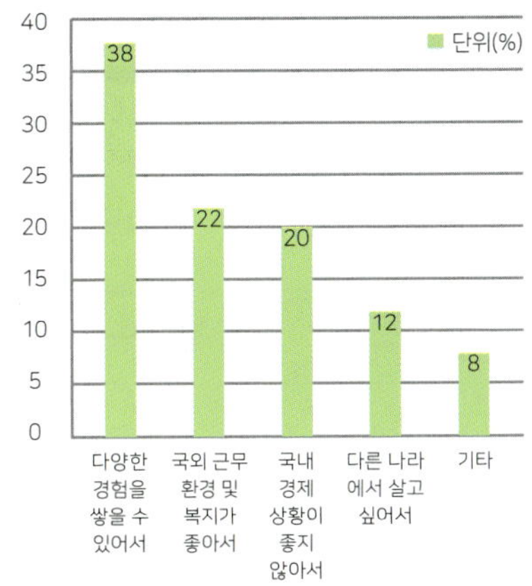

도표1. 20대 국외 취업 목적

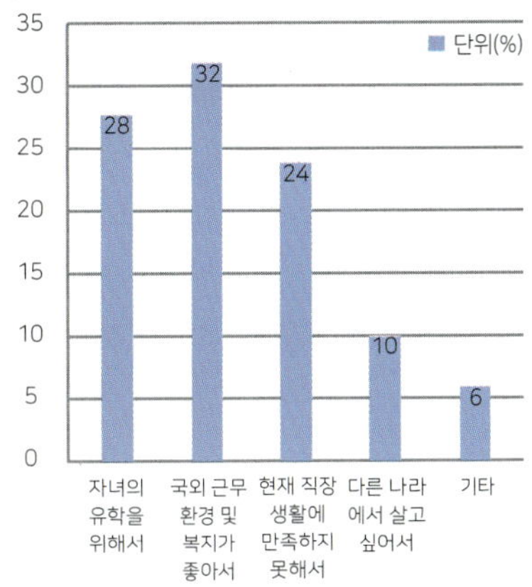

도표2. 40대 국외 취업 목적

※자료: 하나일보

- 분석 결과: ____________________

4 <외국인의 한국 입국 목적>

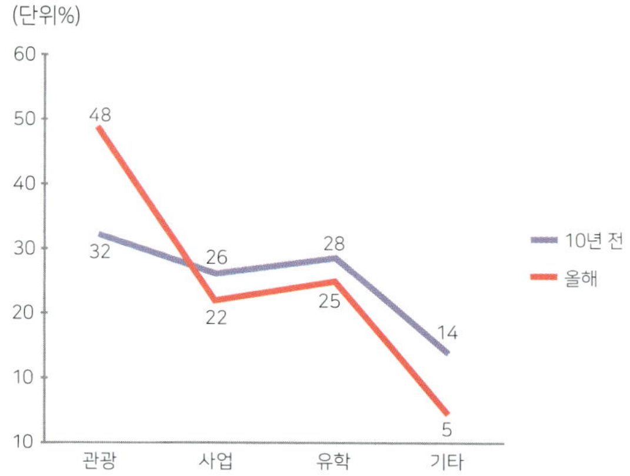

도표1. 10년 전과 올해 외국인의 한국 입국 목적

※자료: 서울 공항

- 분석 결과: ____________________

Ⅲ. 정리해 봅시다

공동체를 위한 노력에 무엇이 있을지 친구들에게 조사한 후에 결과를 분석해 봅시다.

복습

1 조사 결과를 보고 보기 와 같이 표나 그래프로 정리해 봅시다.

- **조사 주제:** 가족 간의 대화 단절 원인
- **조사 대상:** 10~60대 200명
- 조사 결과:
  1. 갈등이 생길 것 같아서(28%)
  2. 관심이 없어서(13%)
  3. 바빠서(52%)
  4. 표현이 서툴러서(7%)

보기

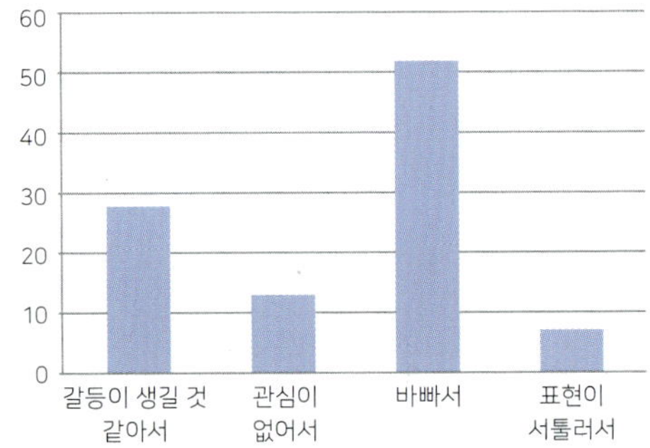

도표1. 가족 간의 대화 단절 원인

- **조사 주제:** 자기 만족을 위해 쓰는 비용
- **조사 대상:** 20~30대 남녀 500명
- 조사 결과:
  1. 디저트·외식(38%)
  2. 취미 생활(32%)
  3. 외모 관리(19%)
  4. 기타(11%)

도표1. 자기 만족을 위해 쓰는 비용

- **조사 주제:** 취업에 도움이 되는 자격증
- **조사 대상:** 취업 준비생 100명
- 조사 결과:
  1. 컴퓨터(38%)
  2. 외국어(45%)
  3. 운전(14%)
  4. 기타(3%)

도표1. 취업에 도움이 되는 자격증

2 위의 조사 결과를 발표해 봅시다.

단절

문화

의식의 변화와 언어

한국에서는 자기 집을 지칭할 때 '제 집'이라고 말하지 않고 '우리 집'이라고 표현해 왔다. '개인'의 집이어도 '우리'라는 집단을 뜻하는 단어를 사용할 정도로 한국어에는 한국의 '집단' 중심의 문화적 배경이 반영되어 있었다.

이렇게 '우리 집', '우리 가족'과 같이 '우리'라는 표현을 주로 사용하던 한국인이 최근 들어 서양의 'My house', 'My family' 표현처럼 '나'에서 비롯된 '내' 또는 '제'라는 표현을 자주 사용하기 시작했다. 한국에서 '제 집', '제 가족'이라는 표현이 어색하지 않게 된 것은 한국인의 집단주의 문화가 약해지고 개인주의 문화가 자리 잡아 가고 있다는 뜻이기도 하다.

최근에는 대가족 형태로 살아가는 가족들을 찾아보기 힘들다. 오히려 저출산, 1인 가구의 증가 등 집단보다는 개인의 삶이 익숙하고 중요한 시대가 되었다. 이러한 한국인의 개인주의 문화가 언어에 반영되어 '우리'라는 어휘가 '나/저' 또는 '내/제'로 대체되어 사용된다.

17과 자연과 인간

• 학습 목표: 조사 결과를 종합하여 발표할 수 있다.

Ⅰ. 준비해 봅시다

- 여러분은 언제, 어디에서 자연의 아름다움을 느꼈습니까?
- 여러분 나라에서는 환경을 보호하기 위해서 어떤 노력을 하고 있습니까?

말하기 1

I. 표현해 봅시다

1 관계있는 것을 연결한 후 보기 와 같이 이야기해 봅시다.

조사	부족한 점
보기 주제: 한국의 이색적인 풍경 조사 대상: 20~60대 남녀 70명 조사 방법: 거리에서 설문 조사 조사 결과: 1위 제부도 바닷길	조사 대상자의 수가 적었다.
① 주제: 한국의 일출 명소 베스트 5 조사 대상: 20~60대 남녀 15명 조사 방법: 카페에서 대면 인터뷰 조사 결과: 1위 정동진	조사 대상자의 연령대가 다양하지 않았다.
② 주제: 한국에서 인기 있는 숙소 조사 대상: 서울 거주 20~60대 남녀 50명 조사 방법: 이메일 설문 조사 조사 결과: 1위 게스트하우스	조사 대상자의 응답 성실도가 떨어졌다.
③ 주제: 서울 시민의 여가 활동 조사 대상: 서울 거주 20~30대 남녀 50명 조사 방법: 전화 설문 조사 조사 결과: 1위 여행	조사 대상자의 폭이 좁았다.

보기

주앙: 노라 씨, 이번에 한국의 이색적인 풍경을 조사했다면서요?
노라: 네, 조사를 해 보니까 제부도의 바닷길이라고 대답한 사람이 제일 많았어요.
주앙: 그래요? 처음 들어 보는 곳이군요. 조사를 마치고 나서 느낀 점이 있어요?
노라: 새로운 명소를 알게 되어서 좋았지만 거리에서 조사를 해서 그런지 사람들이 성실하게 대답해 주지 않았어요. 다음에는 안정적인 분위기에서 조사하고 싶어요.

이색적　대면　성실도

2 표현을 익혀 봅시다.

도움말

조사 결과 설명을 마친 후에는 조사 결과에 대한 전반적인 분석과 자기 의견을 말하고 조사하면서 인상적이었던 점이나 어려웠던 점, 부족한 점 등 자신의 소감을 밝히면서 마무리한다.

조사 결과 분석 및 의견	• 여기까지가 제 조사 결과 발표입니다. 이번 조사를 통해서 한국 대학생들이 선호하는 여행지와 여행 패턴을 알 수 있어서 앞으로 여행 계획을 세울 때 큰 도움이 될 것 같습니다. • 이상으로 제 발표를 마치겠습니다. 이번 조사에서 한국인들이 환경 문제에 대해서 관심이 아주 높다는 사실을 확인할 수 있었습니다. • 제 예상과 다른 결과가 크게 두 가지 있었는데 하나는 대학생들이 제주도보다 부산을 선호한다는 것이었고, 두 번째는 아직까지도 부모님의 도움을 받아서 여행하는 학생들이 많다는 것이었습니다. • 저는 이번 조사를 통해서 '탄소 발자국'이라는 새로운 용어를 알게 되었습니다. 그리고 한국인들도 쓰레기 종류를 구별하는 데 어려움을 느끼고 있다는 점에서 분리 기준을 더 명확하게 알릴 필요가 있다는 생각을 했습니다. • 제 고향에는 대기 오염보다는 기후 변화에 관심을 가지고 있는 사람들이 더 많다는 점과 미세 먼지 경보 문자 알림 서비스가 없다는 점이 두 도시의 차이입니다.
소감	• 저는 거리에서 설문 조사를 해서 그런지 사람들이 성실하게 대답해 주지 않았습니다. 다음에는 안정적인 분위기에서 조사를 하고 싶습니다. • 이번 조사를 하기 전에는 학생들이 인터뷰에 응해 주지 않을까 봐 걱정을 많이 했는데 제가 만난 학생들은 모두 친절하게 답해 줘서 아주 기뻤습니다. • 마지막으로 드리고 싶은 말씀은 이번 조사가 열다섯 명만을 대상으로 진행됐기 때문에 정확한 결과가 나왔다고 보기 어렵다는 것입니다. 앞으로 기회가 주어진다면 더 많은 사람들에게 질문해서 정확한 결과를 얻고 싶습니다. • 연령대별로 조사 대상자의 수가 같지 않아 나이에 따른 생각의 차이를 정리하지 못한 것이 부족했습니다. • 조사 대상자가 20대 한국인이었는데 대학생들밖에 조사하지 못한 것이 아쉽습니다. 다음에 기회가 있다면 다양한 사람들에게 질문을 해 보고 싶습니다. • 이상으로 제 발표를 모두 마치겠습니다. 부족한 제 발표를 끝까지 들어 주셔서 감사합니다. 이 발표가 여러분에게도 도움이 되었으면 좋겠습니다.

탄소 발자국　용어　분리　대기 오염　기후 변화　경보

3 조사한 결과에 대한 분석과 의견을 보기 와 같이 이야기해 봅시다.

보기

주제	한국 대학생이 선호하는 여행지	
조사 결과 분석 및 의견	예상과 다른 점	• 제주도보다 부산을 선호함. • 부모님의 도움을 받는 학생이 많음. • 인터뷰에 친절하게 응해 줌.
	흥미로운 점	해외 여행지로 비용이 많이 드는 유럽을 선호함.
부족한 점		조사 대상자의 수가 적음.

여기까지가 제 조사 결과 발표입니다.

이번 조사를 통해서 한국 대학생들이 선호하는 여행지와 여행 패턴을 알 수 있어서 앞으로 여행 계획을 세울 때 큰 도움이 될 것 같습니다. 그런데 제 예상과 다른 결과가 크게 두 가지 있었습니다. 하나는 대학생들이 제주도보다 부산을 선호한다는 것이었고, 두 번째는 대학생인데도 부모님의 경제적 지원을 받아 여행하는 학생들이 많다는 것이었습니다. 부산을 제일 선호하는 이유는 밤늦게까지 즐길 수 있고 제주도보다 비용도 덜 들기 때문이라고 볼 수 있습니다. 그리고 흥미로웠던 점은 부모님에게 의지해서 여행 경비를 마련하는 학생이 많은 반면, 앞으로 가고 싶은 해외 여행지로는 절반 이상의 학생이 비용이 많이 드는 유럽을 선택한 것이었습니다.

이번 조사를 하기 전에는 학생들이 인터뷰에 응해 주지 않을까 봐 걱정을 많이 했는데 제가 만난 학생들은 모두 친절하게 답해 주어서 아주 기뻤습니다. 그리고 저에게 유럽 여행 정보를 물어 보거나 한국 여행 경험을 물어 보거나 하면서 관심을 보이는 학생들도 있어서 조사가 재미있었습니다.

마지막으로 드리고 싶은 말씀은 이번 조사가 열다섯 명만을 대상으로 진행됐기 때문에 정확한 결과가 나왔다고 보기는 어렵다는 것입니다. 앞으로 기회가 주어진다면 온라인 설문 조사로 많은 사람들에게 질문해서 더 정확한 결과를 얻고 싶습니다.

이상으로 오늘 발표를 모두 마치겠습니다. 부족한 제 발표를 끝까지 들어 주셔서 감사드리고, 이 발표가 여러분에게도 도움이 되었으면 좋겠습니다.

❶ 주제		한국의 쓰레기 분리배출
조사 결과 분석 및 의견	예상과 같은 결과	환경 문제에 대한 높은 관심
	예상과 다른 결과	환경 보호를 위해 중요한 것으로 '탄소 발자국 줄이기'라는 대답이 높은 순위를 차지함.
	알게 된 점	• '탄소 발자국'이라는 용어 • 한국인들도 쓰레기 종류를 구별하기 힘들어함. • 환경부가 쓰레기 분리 기준을 명확하게 알려야 함.
부족한 점		연령대별로 다른 조사 대상자 수

❷ 주제		서울 시민들의 대기 오염에 대한 의식 조사
조사 결과 분석 및 의견	고향과 다른 점	• 고향에서는 대기 오염보다 기후 변화에 대한 관심이 더 높음. • 고향에는 미세 먼지 경보 문자 알림이 없음.
	고향과 비슷한 점	• 환경 문제에 대한 관심이 높음. • 정부의 역할이 크다고 생각함.
	알게 된 점	• 한국인들이 공기 청정기를 필수품으로 생각함. • 친환경 자동차를 구입했거나 구입하려는 사람들이 많음.
부족한 점		전화 인터뷰의 한계(의사소통이 정확하지 않음)

분리배출　순위　환경부　의식　정부　친환경

<table>
<tr><th>③ 주제</th><th colspan="2"></th></tr>
<tr><td rowspan="3">조사 결과
분석 및 의견</td><td></td><td></td></tr>
<tr><td></td><td></td></tr>
<tr><td></td><td></td></tr>
<tr><td colspan="2">부족한 점</td><td></td></tr>
</table>

II. 표현해 봅시다

1 그림을 보고 알맞은 조사 제목과 조사 대상, 조사 방법을 골라서 보기 와 같이 이야기해 봅시다.

< 조사 제목>

- 한국인의 에너지 절약에 대한 의식 조사
- 쓰레기 분리배출에 대한 조사 - 외국인 유학생을 중심으로
- 한국 대학생의 일회용품 사용과 환경 보호
- 한국 여성이 선호하는 주거 형태

< 조사 대상과 조사 방법>

- 20~60대 한국인 여성 30명 거리 인터뷰
- 세연대학교 학생 20명 전화 인터뷰
- 한국어학당 학생 20명 대면 인터뷰
- 20~50대 한국인 남녀 50명 이메일 설문 조사

보기

유키 : 리타오 씨, 어제 조사 발표를 했다면서요? 무엇에 대해서 조사했어요?
리타오: 외국인 유학생을 대상으로 쓰레기 분리배출에 대한 조사를 했어요.
유키 : 왜 그 주제를 선택했어요?
리타오: 저는 평소에 쓰레기를 어떻게 분리해서 버려야 할지 몰라서 고민한 적이 많은데 다른 친구들은 어떤지 알고 싶었어요.
유키 : 조사하기가 어렵지 않았어요?
리타오: 저는 한국어학당 학생 스무 명을 대상으로 직접 만나서 인터뷰했는데 다들 적극적으로 도와줬어요.

2 표현을 익혀 봅시다.

도움말

시작	주제 발표	마무리
• 주제 소개 • 조사 과정 설명	• 조사 결과 설명 (표나 그래프 이용)	• 조사 결과 분석 및 의견 • 소감 및 인사

조사 결과를 발표할 때는 먼저 조사 주제를 소개한 후, 조사 과정을 설명하는데 이때 조사를 하게 된 동기와 목적을 말하고 조사 기간과 조사 대상, 조사 방법을 밝힌다. 조사 결과는 표나 그래프로 나타낸 시각 자료를 활용하여 청중이 한눈에 알아볼 수 있도록 하며, 조사 결과를 설명한 후에는 자신의 분석과 의견을 덧붙이고 소감을 간단하게 말하면서 마무리한다.

주제 소개	• 안녕하십니까? 오늘 발표를 맡게 된 노라 한슨입니다. 저는 '한국 대학생이 선호하는 여행지'에 대해서 조사했습니다. • 오늘 제가 발표할 주제는 '서울 시민들의 대기 오염에 대한 의식 조사'입니다.
조사 과정 설명	• 이번 조사를 통해서 한국 대학생들이 좋아하는 여행지를 알아보고 나중에 여행을 가는 데 도움을 받고 싶었습니다. • 저는 이러한 것들을 알아보기 위해서 국내 여행 횟수와 여행 기간, 여행 경비와 경비 마련 방법, 좋아하는 국내 여행지와 좋아하는 이유 등에 대한 질문을 준비해서 인터뷰했습니다. • 주제가 외국인 유학생을 대상으로 한 것이어서 한국어학당 친구들을 중심으로 인터뷰 대상자를 선정했습니다.
조사 결과 설명	• 먼저 여행 횟수와 기간에 대한 조사에서는 그래프에서 보시다시피 1년에 서너 번, 1박 2일로 다녀온다는 대답이 제일 많았습니다. 아무래도 학생들이다 보니 주말이나 방학을 이용해서 짧게 다녀오는 경우가 많은 것 같습니다. • 다음은 환경 보호를 위해서 중요하다고 생각하는 것이 무엇인지 질문했습니다. 평소에 한국인들이 쓰레기 처리에 신경 쓰는 모습을 많이 봤는데 쓰레기를 줄이는 것이라고 대답한 사람이 40%로 제일 많은 수를 차지했습니다.
조사 결과 분석 및 의견	• 제가 예상하지 못했던 결과는 '탄소 발자국 줄이기'라는 대답이 많았다는 것인데 조사를 통해서 새로운 용어를 알게 된 계기가 되었습니다. • 인터뷰를 통해서 공기 청정기를 필수품으로 생각하는 사람들과 친환경 자동차를 구입한 사람들이 많다는 사실을 알게 됐습니다.
소감 및 인사	• 더 많은 사람들을 대상으로 조사하지 못한 것이 아쉬운데, 다음에는 한국 친구를 통해서 조사 대상자들을 소개받으려고 합니다. • 이상으로 오늘 발표를 모두 마치겠습니다. 부족한 제 발표를 들어 주셔서 감사드리고, 이 발표가 여러분에게도 도움이 되었기를 바랍니다.

차지하다

3 보기 와 같이 이야기해 봅시다.

보기

발표자	노라 한슨
주제	한국 대학생이 선호하는 여행지
조사 기간	9월 5일 ~ 18일
조사 대상	서울과 경기도에 거주하는 한국 대학생 15명
조사 방법	세연 대학교 노래 동아리방에서 대면 인터뷰
조사 동기/목적	• 앞으로 여행 갈 때 도움을 받고 싶음. • 유럽 학생과 한국 학생의 차이를 알고 싶음.

질문과 결과

1. 국내 여행 횟수

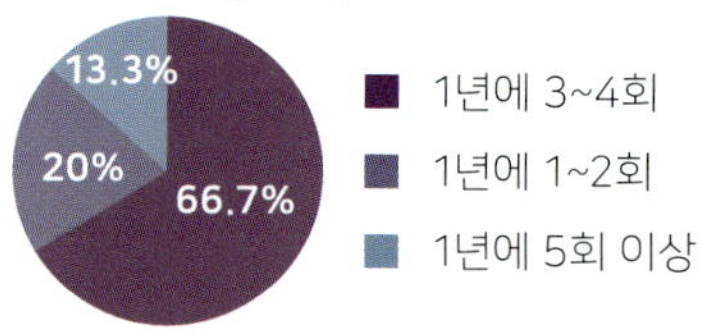

2. 여행 기간

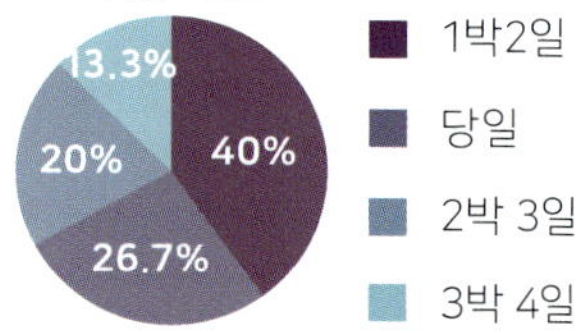

3. 여행 경비

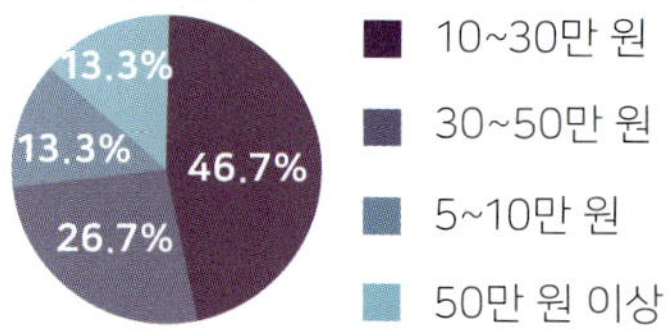

4. 여행 경비 마련 방법

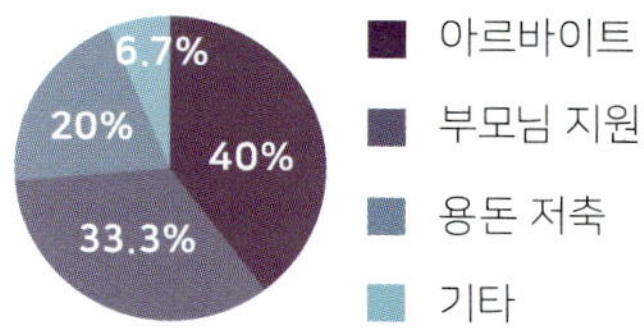

5. 선호하는 국내 여행지

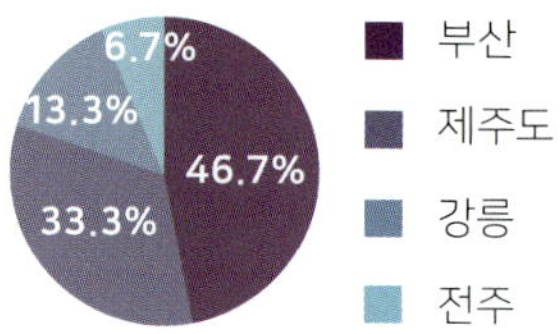

6. 선호하는 이유

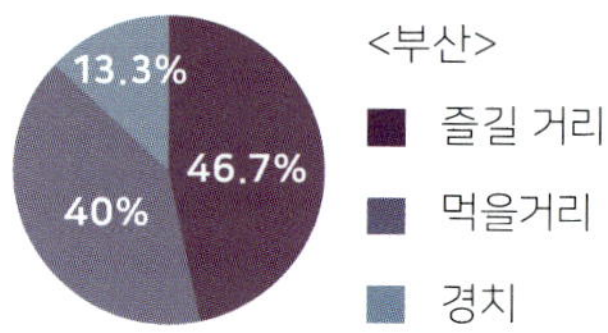

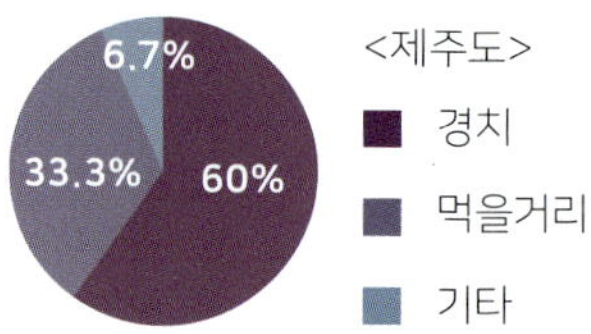

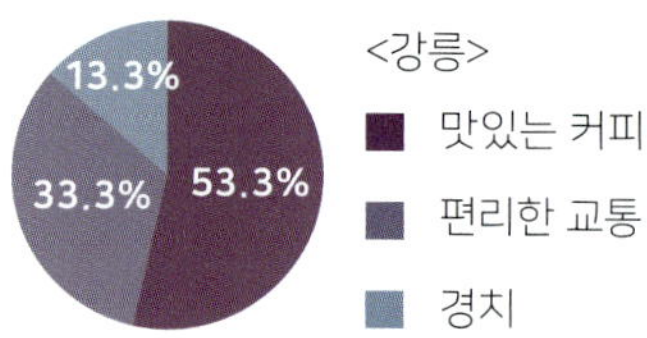

7. 앞으로 가고 싶은 해외 여행지

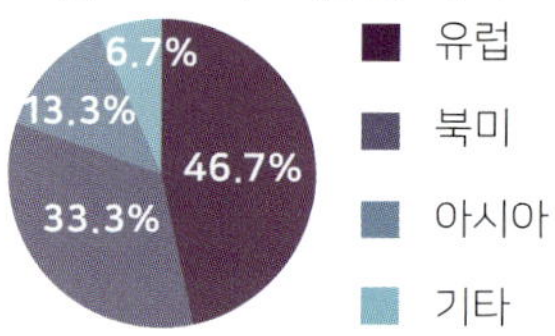

안녕하십니까? 오늘 발표를 맡게 된 노라 한손입니다. 저는 '한국 대학생이 선호하는 여행지'에 대해서 조사했습니다.

조사 기간은 9월 5일부터 18일까지였고, 서울과 경기도에 거주하는 한국인 남녀 대학생 15명을 대상으로 인터뷰했습니다. 사실 처음에는 인터뷰 대상자를 찾기가 힘들었는데 한국 친구의 도움으로 세연 대학교 노래 동아리방에서 회원들에게 인터뷰를 할 수 있었습니다.

먼저 제가 이 주제를 선택한 이유와 목적을 말씀드리겠습니다. 저는 여행을 좋아해서 유럽 여기저기 아름다운 곳으로 여행을 많이 다녔습니다. 그런데 막상 한국에 와서는 아직 서울을 벗어나 본 적이 없습니다. 그래서 이번 조사를 통해서 한국 대학생들이 좋아하는 여행지를 알아보고 나중에 여행을 가는 데 도움을 받고 싶었습니다. 그리고 한국 대학생들의 여행 패턴이 유럽 학생들과 어떻게 다른지도 알고 싶었습니다.

저는 이러한 것들을 알아보기 위해서 국내 여행 횟수와 여행 기간, 여행 경비와 경비 마련 방법, 좋아하는 국내 여행지와 좋아하는 이유 등에 대한 질문을 준비해서 인터뷰했습니다.

먼저, 여행 횟수와 기간에 대한 조사에서는 그래프에서 보시다시피 1년에 서너 번, 1박 2일로 다녀온다는 대답이 제일 많았습니다. 아무래도 학생들이다 보니 주말이나 방학을 이용해서 짧게 다녀오는 경우가 많은 것 같습니다.

다음으로, 여행 경비에 대한 조사에서는 10만 원에서 30만 원 사이라고 대답한 학생이 거의 절반을 차지했고 경비를 마련하는 방법으로는 40%의 학생이 아르바이트라고 답했습니다. 그런데 유럽의 대학생들은 여행갈 때 부모님의 도움을 받는 경우가 거의 없는 반면, 한국의 대학생들은 부모님의 도움을 받아 여행을 가는 경우가 응답자의 30%를 넘어서 큰 차이를 보였습니다.

지금까지 여행한 곳 중에서 제일 선호하는 여행지로는 부산이 46.7%로 1위를 차지했고 그 뒤를 이어 제주도, 강릉, 전주의 순으로 나타났습니다. 이 여행지들을 선호하는 이유를 질문했더니 부산의 경우에는 밤늦게까지 즐길 수 있는 장소들 때문이라는 대답이 1위로 나타났습니다. 제주도는 대부분 아름다운 경치를 첫 번째 이유로 꼽았고, 강릉은 맛있는 커피를 맛볼 수 있다는 대답이 가장 많아서 커피를 좋아하는 제가 꼭 가 볼 만한 곳이라는 생각이 들었습니다.

(중략)

이상으로 오늘 발표를 모두 마치겠습니다. 부족한 제 발표를 끝까지 들어 주셔서 감사드리고, 이 발표가 여러분에게도 도움이 되었으면 좋겠습니다.

경비

Ⅱ. 표현해 봅시다

①

발표자	리타오
주제	한국의 쓰레기 분리배출
조사 기간	8월 17일 ~ 31일
조사 대상	다양한 연령의 한국인 20명 (10대 3명, 20대 10명, 30대 5명, 40대 2명)
조사 방법	집 근처 카페에서 설문 조사
조사 동기/목적	• 고향의 환경 문제가 심각함. • 쓰레기 재활용에 적극적인 한국인들의 모습을 봄.
질문과 결과	1. 환경 문제에 대한 관심 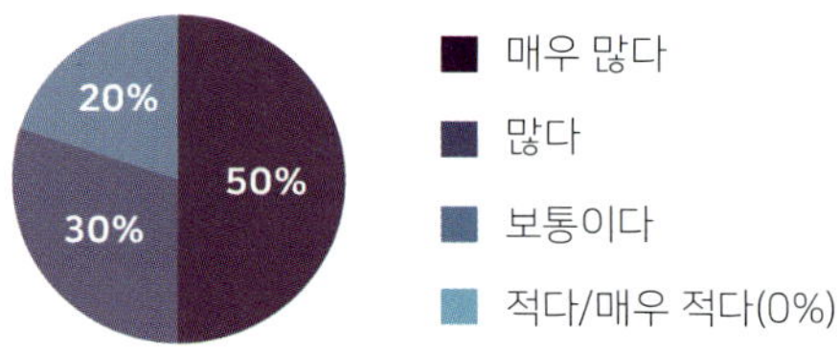
	2. 환경 보호를 위해 중요하다고 생각하는 것 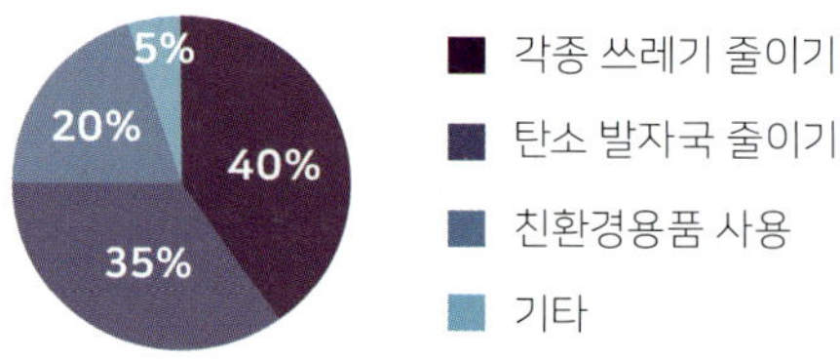
	3. 쓰레기를 줄이기 위해서 필요한 것 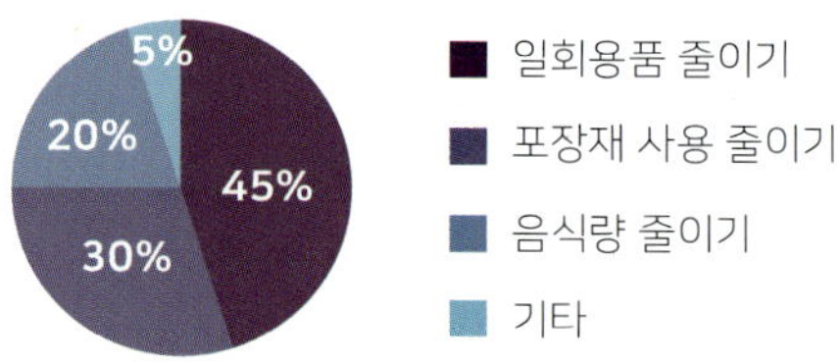
	4. 쓰레기 분리배출을 할 때 문제점 

친환경용품　포장재　수거

2

발표자	올리비아 스미스
주제	서울 시민들의 대기 오염에 대한 의식 조사
조사 기간	10월 1일 ~ 8일
조사 대상	20~60대 서울 시민 남녀 50명
조사 방법	전화 인터뷰와 이메일 인터뷰
조사 동기/목적	• 뉴스에서 미세 먼지 정보를 중요하게 다루는 것을 봄. • 환경 문제에 대한 서울과 고향 사람들의 생각을 비교해 보고자 함.

질문과 결과

1. 환경 문제 중 해결이 시급하다고 생각하는 것

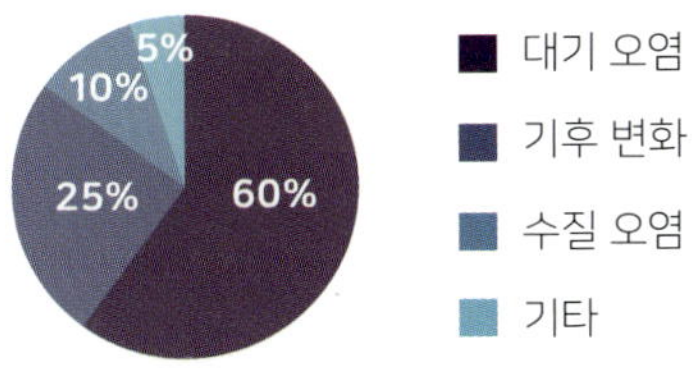

2. 평소에 느끼는 대기 오염의 심각성

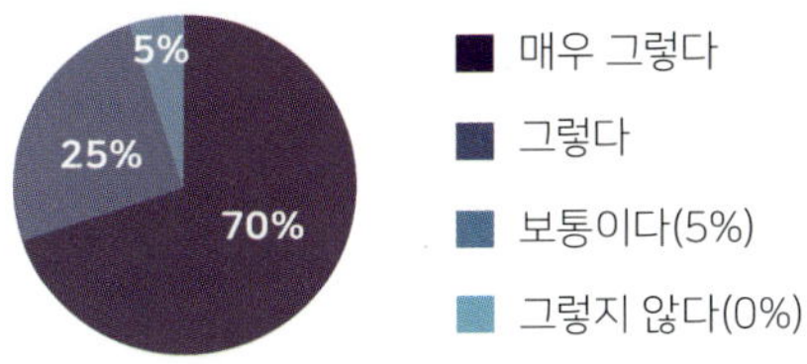

3. 대기 오염의 심각성을 피부로 느끼는 경우

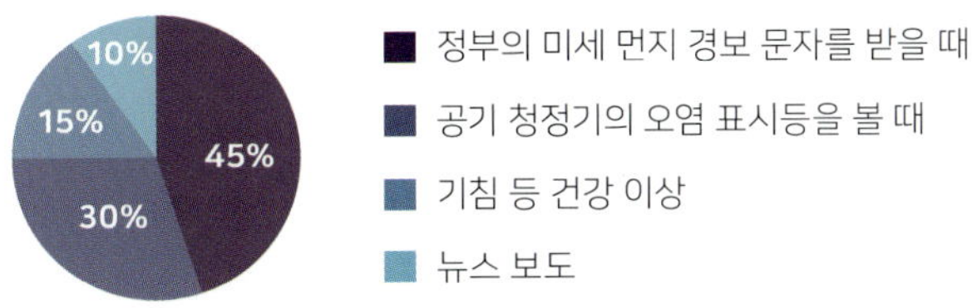

4. 대기 오염을 줄이기 위해서 실천하는 것

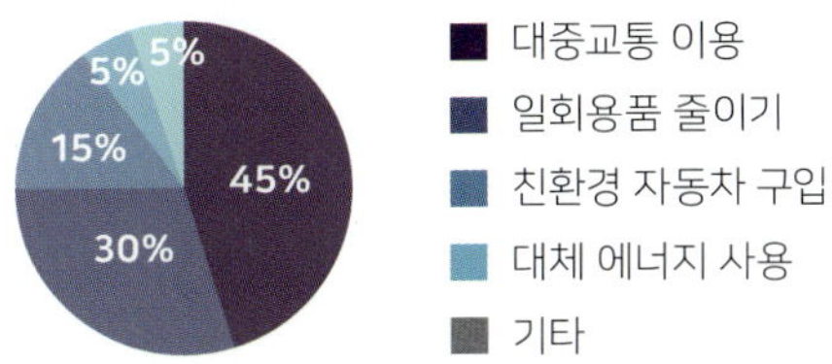

시급하다　수질　심각성　표시등　대체 에너지

❸

발표자	
주제	
조사 기간	
조사 대상	
조사 방법	
조사 동기/목적	
질문과 결과	1.
	2.
	3.
	4.
	5.
	6.
	7.

Ⅱ. 정리해 봅시다

인터뷰 부탁 메시지와 조사 발표를 마친 후에 소감을 전하는 메시지를 완성해 봅시다.

하늘 씨, 안녕하세요?
제가 이번에 학교 과제로 설문 조사를 하게 되었어요.

____

____

____

____

____

____

____

____

____

____

→

하늘 씨, 지난번에 인터뷰에 응해 주셔서 정말 고마웠어요.

____

____

____

____

____

____

____

____

____

____

____

18과 건축과 환경

• 학습 목표: 대상이나 사실에 근거해서 유추하거나 전망하여 쓸 수 있다.

Ⅰ. 준비해 봅시다

과거

현재

미래

- 한옥의 좋은 점이 무엇이라고 생각합니까?
- 미래에는 사람들의 주거 공간이 어떻게 바뀔 것이라고 생각합니까?

쓰기1

표현해 봅시다

1 보기 와 같이 추측하여 표현해 봅시다.

보기

'왜 사랑채와 안채가 따로 있을까?'

1

'왜 한옥의 처마는 길게 튀어나와 있을까?'

2

'왜 물 위에 집을 지었을까?'

3

'왜 이런 집에서 살게 되었을까?'

보기

조선 시대에 지어진 한옥은 사랑채와 안채가 분리되어 있다. 이러한 한옥의 구조로 볼 때 당시에는 남자와 여자가 독립적인 공간에서 생활했던 것으로 짐작된다.

한옥 사랑채 안채 처마 튀어나오다 분리되다 구조 독립적 짐작되다

2 표현을 익혀 봅시다.

도움말

유추해서 글을 쓸 때에는 근거를 바탕으로 해서 써야 한다. 주관적인 생각을 나타내거나 막연하게 추측하는 것이 아니라 반드시 객관적인 사실을 근거로 해서 표현해야 한다.

- 사랑채와 안채가 떨어져 있는 한옥 구조로 볼 때 조선 시대에는 남녀가 독립적인 공간에서 생활했던 것으로 짐작된다.
- 한옥의 처마를 벽보다 길게 튀어나오게 한 이유는 집을 짓는 데 사용된 나무가 비에 젖으면 빨리 썩기 때문에 이를 방지하기 위해서인 듯하다.
- 열대 기후 지역에 사는 사람들은 더위와 벌레를 피하기 위해서 물 위에 집을 지었을 것이다.
- 열대 지역의 수상 가옥은 더위가 심하고 벌레가 많은 지역적 특성과 연관이 있는 것으로 보인다.
- 과거에 유목 생활을 했던 사람들은 풀과 물을 찾아서 계속 이동해야 했기 때문에 이동이 용이한 게르에 거주했으리라고 짐작할 수 있다.
- 게르의 지붕을 둥글게 하고 굵은 줄로 단단히 묶어 놓은 것을 보면 오래전부터 몽골 사람들은 게르를 만들 때 강풍에 대비했다는 것을 알 수 있다.
- 이러한 원리를 이용한 걸 보면 오래전부터 선조들이 열의 성질을 잘 이해하고 있었던 것임에 틀림없다.
- 한옥의 방문이나 창에 창호지를 바른 것으로 보아 창호지가 통풍과 온도, 습도 조절에 뛰어나다는 것을 오래전부터 사람들이 알고 있었던 것으로 보인다.
- 여러 정황들과 방에서 발견된 증거들을 종합해 보면 그 남자가 범인이라는 결론에 이른다.

방지하다　수상 가옥　벌레　연관　유목 생활　용이하다　게르　둥글다　단단히
원리　선조　성질　창호지　통풍　정황　발견되다　증거　종합하다　결론

3 보기와 같이 써 봅시다.

보기

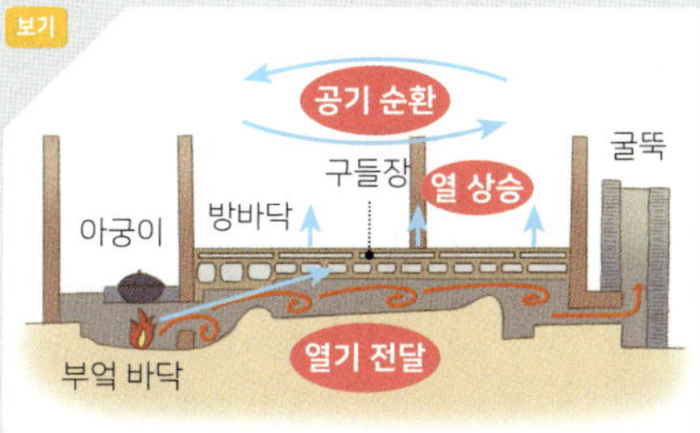

선조들이 온돌의 원리를
알고 있었을까?

보기

한옥의 난방 방식인 온돌에는 과학적인 원리가 담겨 있다. 아궁이에서 피운 불의 열기가 방바닥에 전해지고 그 열이 다시 위로 올라가 방 전체의 공기가 순환되는 방식인 것이다. 이러한 원리를 이용**한 걸 보면** 오래전부터 선조들이 열의 성질을 잘 이해하고 있었던 것**임에 틀림없다**.

1

옛날 사람들이 창호지의
특성을 알고 있었을까?

한옥에 쓰인 창호지, 환기 효과
온도와 습도도 조절해 줘 …
월간 공간 10월호

옛날 사람들은 한옥의 방문이나 창에 창호지를 발랐다. 그런데 어느 기사에 따르면 창호지는 온도와 습도 조절 기능을 갖추고 있다고 한다. 옛날 사람들이 창에 창호지를 바른 것을 보아 ______________________________

____

____

온돌 아궁이 열기 순환 상승

2

제주도의 전통 가옥

왜 지붕을 줄로 묶어 놓았을까?

제주도 지붕 파손 등 강풍 피해 잇따라
국민 신문 7월 25일

제주도의 전통 가옥은 지붕의 모양이 좀 특이하다. ______________________

____

____

____

3

연령대별 저축률

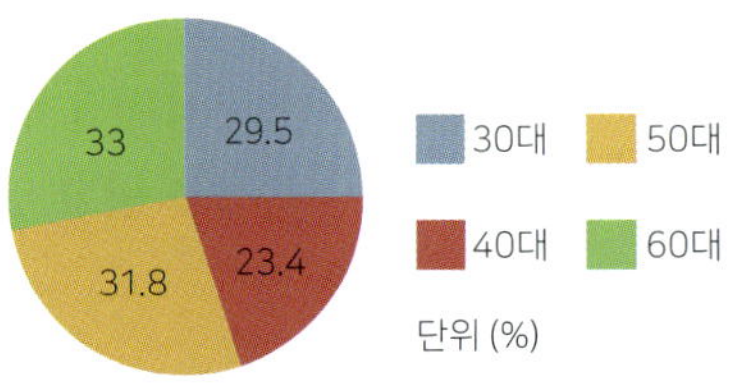

통계청 자료

50~60대의 저축률이 30~40대보다 높은 이유는 뭘까?

노후 자금 50대 초반에 준비 시작하는 사람들 많아
순신일보 10월 14일

노년층 부모, 자녀 결혼 비용 부담 느껴
해선 신문 10월 16일

통계청 조사 결과에 의하면 50~60대의 저축률이 30~40대의 저축률보다 더 높은 것으로 나타났다. ______________________

____

____

저축률 자금 노년층

4

토지일보

실시간 주요뉴스

최근 셰어하우스 입주자 큰 폭 증가, 시장 규모도 커져 11월 8일

셰어하우스 입주자가 증가하는 이유는 뭘까?

1인 가구 증가

집세 상승

입주자 폭 세입자

쓰기2

II. 표현해 봅시다

1 보기 와 같이 전망하여 표현해 봅시다.

보기

①

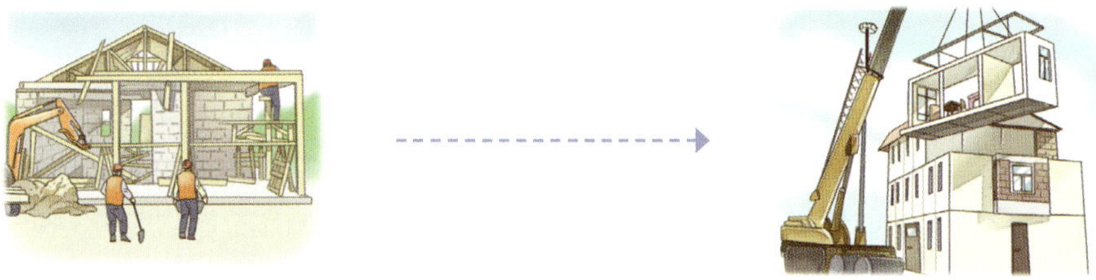

②

서울 주택난 심각

공급 부족, 집값 급등 등으로
주택난 심각해 …

서울일보 4월 30일

서울시, 빈집 활용 사업 계획 세워

공공 임대 주택 등으로 활용 계획 …

서울시 홈페이지 6월 1일

③

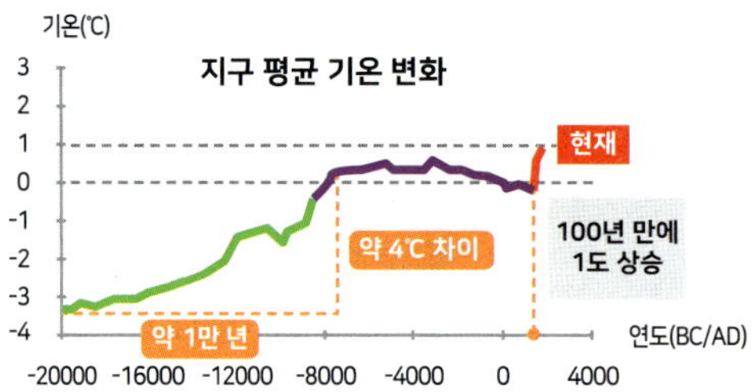

지구 평균 기온 변화

약 1만 년 동안 4도 상승, 약 100년 전부터 지금까지 1도 상승 … 온실가스 줄이지 않으면 …

자연일보 1월 15일

보기

과거에는 보통 삼대로 이루어진 대가족이 한 집에 사는 것이 일반적인 주거 형태였으나 산업화, 도시화가 진행되면서 3~4인의 핵가족이 아파트에 사는 모습으로 바뀌었다. 최근 1인 가구 수가 증가함에 따라 앞으로의 주거 형태도 변화할 것으로 예상된다.

급등 주택난 빈집 임대 온실가스

2 표현을 익혀 봅시다.

도움말

전망하여 글을 쓸 때에는 근거를 바탕으로 해서 미래의 상황을 기대, 예상, 예측해야 한다. 미래에 대해서 주관적이고 막연하게 생각하는 것이 아니라 객관적인 정보를 근거로 하여 타당성 있는 예측을 해야 한다.

- 최근 1인 가구 수가 증가함에 따라 앞으로의 주거 형태도 변화할 것으로 예상된다.
- 미래에는 공사 기간이 짧고 비용이 적게 드는 조립식 주택의 공급이 확대될 것이라고 전망된다.
- 서울시에서 빈집을 공공 임대 주택으로 활용하겠다고 발표함에 따라 주택난이 어느 정도 해소될 것으로 기대된다.
- 전 세계적으로 온실가스를 줄이지 않는다면 지구의 기온이 현재보다 1도 상승하는 데는 100년이 걸리지 않을 것으로 예측된다.
- 모든 연령대에서 한옥에 대한 선호도가 높아진 것으로 보아 앞으로 한옥 거주 수요는 더 증가할 것으로 예상된다.
- 각 지자체의 홍보와 지원이 잇따르고 있으므로 낯선 지역에서 한 달 살기 체험은 앞으로도 한동안 인기를 끌 것으로 예상된다.
- 청년 귀농인 수가 매년 증가하고 있으므로 앞으로 농촌 지역이 활기를 되찾을 수 있을 것이라고 기대된다.

삼대 산업화 도시화 핵가족 조립식 지자체 홍보 한동안 귀농인 활기 되찾다

3 보기와 같이 전망하여 써 봅시다.

보기

<연령대별 한옥 주거 선호도>

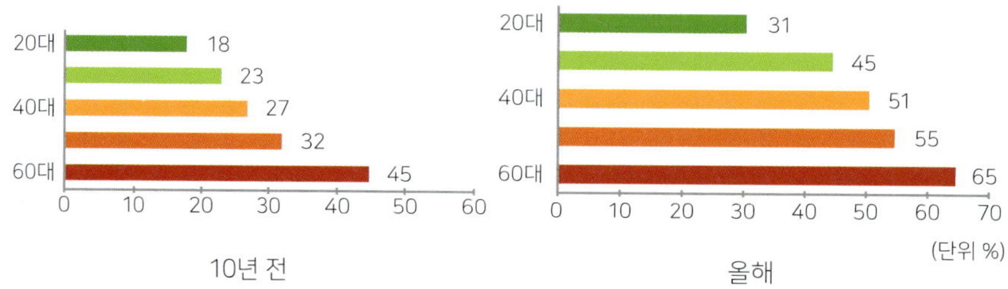

서울시 조사 자료

'앞으로 한옥 거주 수요는 어떻게 될까?'

서울시에서 연령대별로 선호하는 주거 형태를 조사한 결과 한옥에 대한 선호도가 10년 전에 비해서 높아진 것으로 나타났다. 모든 연령대에서 한옥 선호도가 높아진 것으로 보아 한옥 거주 수요는 더 증가할 것으로 예상된다.

❶

'낯선 곳에서 한 달 살기' 프로그램 꾸준히 인기

도시의 경쟁, 압박감에서 벗어나 휴식, 즐길 거리, 자연과 함께하는 일 체험 등에서 행복감을 느껴 … 지역 경제의 발전을 위해서 각 지자체도 점차 프로그램 확대 계획 …

자연일보 3월 22일

'이 프로그램이 앞으로도 인기가 있을까?'

최근 자신의 거주지가 아닌 다른 지역에서 일정 기간 살아 보는 생활 체험, '낯선 곳에서 한 달 살기'가 인기를 끌고 있다. 지역 경제의 발전을 위해서 각 지자체에서도 관련 프로그램을 점차 확대하겠다고 발표했다. ______________________

____

____

압박감　확대하다

2

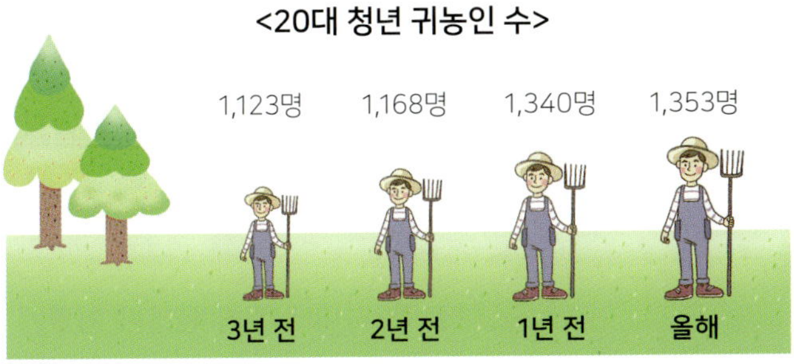

통계청 조사

'앞으로 농촌 지역에 어떤 변화가 생길까?'

최근 들어 농촌으로 돌아가는 젊은이들이 증가하고 있는 것으로 나타났다. 통계청 조사 결과에 따르면 올해 20대 청년 귀농인 수는 1,353명으로 3년 전에 비해 230명 늘어났다. ____

____

____

3

생생 자동차, 앞으로 10년 내 수소 차 연간 50만 대 생산 계획

희정 신문 2월 14일

'수소 차 생산이 미래의 환경에 어떤 영향을 미칠까?'

최근 정부가 친환경 미래 차 관련 사업 정책을 발표한 것과 관련하여 국내 자동차 업계 1위 기업인 생생 자동차는 앞으로 10년 내에 수소 차를 연간 50만 대 생산할 계획이라고 밝혔다. ____

____

____

수소　연간　정책

4

더 똑똑해지는 주거 공간, 스마트 홈 시대

인공 지능 시스템이 집 주인의 생활 패턴을 분석해서 맞춤형 환경을 제안하거나 자동으로 작동되는 스마트 홈 시대가 시작된다. …

과학일보 3월 5일

'스마트 홈 시대에 주거 환경이 어떻게 바뀔까'

미래에 자신이 살고 싶은 주거 공간에 대해서 이야기해 봅시다.

스마트 홈　　작동되다

복습

1 이 집의 물건을 훔쳐 간 범인이 누구일까요? 보기 와 같이 유추해서 이야기해 봅시다.

가 나 다 라

보기

'가'는 비싼 옷과 액세서리를 착용하고 있는 걸로 봐서 도둑질을 할 이유가 없을 듯싶어요. 한옥에도 보석은 그대로 있고요. 신발을 봐도 발자국에 나타난 범인의 신발과 다른 듯해요. 무엇보다도 옷이 젖지 않은 건 범인이 아니라는 증거라고 봐요. 범인이 아닌 사람을 함부로 의심해서는 안 되지요.

2 위의 내용을 바탕으로 범인을 유추하는 글을 써 봅시다.

도둑질 발자국 함부로

사랑방 문화

사랑방이란 한옥에서 집의 안방과 떨어져 있는 방을 말한다. 사랑방은 바깥주인(집의 남자 주인)이 손님을 맞이하며 대화를 나누던 곳이었다. 이 방에는 손님을 접대하기 위한 시설들이 갖추어져 있고, 평소에는 글을 쓰거나 책을 읽는 장소로 이용되었다. 사랑방에서 마을 사람들이 모여 의견을 나누던 것은 마을의 소규모 회의의 성격을 띠므로 사랑방은 사회적 기능을 담당했다고도 볼 수 있다.

과거에는 한옥의 한 공간만을 의미하던 사랑방이 현대 사회에서는 의미가 확대되었다. 손님들을 맞이하고 마을 사람들이 의견을 나누는 공간이라는 의미였던 것이 현대 사회에서는 '소통의 공간'이라는 의미로 확대되었다. 단순히 '방'의 의미가 아니라 '소통의 공간'이라는 의미로 확대되었기 때문에 '인터넷 사랑방'이나 '사랑방 배움터'와 같은 표현들이 다양하게 활용되고 있다.

19과 한국 역사의 이해

• 학습 목표: 발표를 평가하고 후속 과제를 제시할 수 있다.

준비해 봅시다

신라 금관총 금관(5세기)

백제 금동대향로(6~7세기)

고려 팔만대장경판(1232~1251년)

측우기(1442년)

- 여러분이 접해 본 한국 문화유산 중에서 무엇이 인상적이었습니까?
- 발표를 들을 때 그 발표의 어떤 면에 대해서 평가할 수 있겠습니까?

1 보기와 같이 이야기해 봅시다.

	조사 주제	조사 내용	청중의 질문
보기	삼국 시대의 외국인들	• 삼국 시대 외국인들의 고향 • 한국에서 한 다양한 일	외국인의 고향과 한국에서 한 일 사이의 관계는 뭘까?
1	건국 신화	• 하늘 신의 아들이 땅의 웅녀와 결혼, 단군을 낳음. • 단군이 왕이 되어 나라를 세움.	왜 이런 내용의 신화가 탄생했을까?
2	한강의 기적	• 한국 전쟁 이후 약 50년 동안의 급격한 경제 성장 • 산업화, 민주화가 같이 일어남.	구체적으로 어떤 방법을 통해 경제를 성장시켰을까?
3	대학가 음식 배달 사업의 성장	• 남연 대학교 근처 식당 매출 조사 • 5년간 배달 주문 10배 증가	대학가 전체의 결과로 일반화시킬 수 있을까?

보기

하늘: 조사 결과를 보면 삼국 시대에 여러 나라에서 온 외국인들이 한국에서 다양한 일을 했다는 것을 알 수 있습니다.

주앙: 발표 잘 들었습니다. 덕분에 삼국 시대에 한국에 살던 외국인들이 다양한 역할을 했다는 것을 알 수 있었습니다. 그런데 외국인들의 고향과 그 사람들이 한국에서 한 일을 같이 조사한 이유가 무엇인지 궁금합니다. 둘 사이에 무슨 관계가 있는지 여쭤 봐도 될까요?

건국 신화 웅녀 단군 기적 급격하다 민주화 매출 대학가 일반화

2 표현을 익혀 봅시다.

도움말

발표가 끝난 후 청중은 발표 내용에 대해서 의문이 있거나 다소 미흡하게 여겨지는 정보가 있을 때 예의를 갖춰서 질문한다. 여러 의견을 공유함으로써 주제 관련 정보를 더 풍부하게 얻을 수 있다.

청중의 반응	• 발표 잘 들었습니다. 그런데 외국인들의 고향과 그 사람들이 한국에서 한 일을 같이 조사한 이유가 무엇인지 궁금합니다. • 발표자께서는 한국의 급격한 경제 성장의 모습에 대해서 발표하셨는데 그러한 성장을 이루어 낸 방법도 함께 조사하셨더라면 더 설득력 있는 발표가 되지 않았을까요? • 발표하느라고 수고하셨습니다. 그런데 남연 대학교 근처의 식당만 조사한 결과를 대학가 전체로 일반화시킬 수 있을까요? • 개인적으로 매우 흥미로운 주제였습니다. 발표자가 이 주제를 선택한 이유를 좀 더 자세히 들을 수 있을까요? • 흐엉 씨의 조사 결과를 통해 한국 대학생들이 역사 인식을 매우 중요하게 여긴다는 것을 알게 되었습니다. • 조사 방법을 온라인 설문 조사로 선택하신 이유를 여쭤 봐도 될까요? • 표보다는 시각적으로 잘 구별되는 그래프를 사용하시는 게 더 좋지 않았을까 하는 생각이 듭니다.

설득력 시각적

3 보기 와 같이 이야기해 봅시다.

보기 < 대학생의 역사 수업 수강 경험 >

조사 대상: 전자공학과 학생 50명

질문 1) 역사를 아는 것이 중요하다고 생각합니까?

매우 그렇다	6%
대체로 그렇다	17%
그렇다	54%
조금 그렇다	13%
그렇지 않다	10%

흐엉: 제 발표를 요약하자면 다음과 같습니다. 대학생의 80%는 역사를 잘 아는 것이 중요하다고 생각하지만 실제로 한국 역사에 대해 관심을 갖고 관련 수업을 들은 학생은 매우 적었습니다.

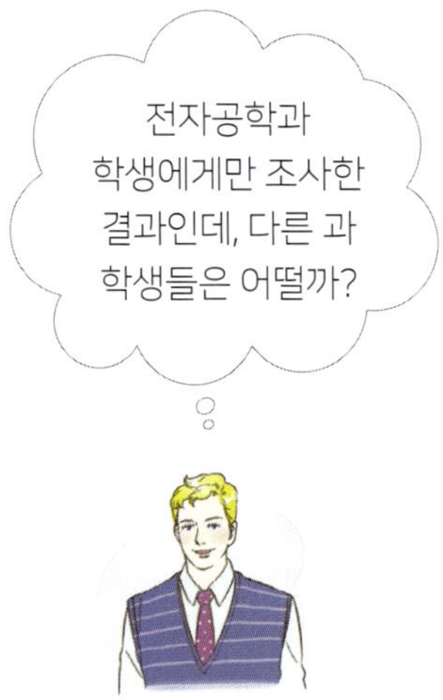

보기

레오: 개인적으로 매우 흥미로운 주제였습니다. 그런데 실제로 대학에 한국 역사와 관련된 수업이 얼마나 많이 열리고 있는지 궁금합니다. 한국 역사 관련 수업이 적어서 듣지 못한 것은 아닐까요?

에릭: 흐엉 씨의 조사 결과를 통해 한국 대학생들이 역사 인식을 매우 중요하게 여긴다는 것을 알게 되었습니다. 그런데 조사 대상을 다양한 전공의 학생들로 확장시켰다면 더 설득력 있는 발표가 되지 않았을까요?

노라: 발표 잘 들었습니다. 그런데 표보다는 더 시각적으로 잘 구별되는 그래프를 사용하시는 게 더 좋지 않았을까 하는 생각이 듭니다.

① **유키:** 지금까지 동연 대학교 학생 20명을 대상으로 가장 존경하는 역사 속 인물에 대해서 살펴보았습니다. 가장 존경하는 인물 1~5위는 유관순 열사, 안중근 의사, 김구 선생, 이순신 장군, 세종 대왕이었으며, 전체 응답의 70%를 독립운동가가 차지했습니다.

② **주앙:** 제가 발표한 내용은 여기까지입니다. 설문지를 통해 역사 박물관의 만족도를 조사한 결과 관람객들은 대부분의 항목에서 만족스럽다는 의견을 보였지만 박물관 시설은 보완해야 할 점이 많다고 응답했습니다. 발표 내용에서는 다루지 않았지만 앞으로 이 문제를 어떻게 해결해야 할지 이후의 대책이 필요하다고 봅니다.

열사 의사 장군 관련성

❸ **올리비아:** 지금까지 말씀드린 바와 같이, 한국의 채식주의자 수는 빠르게 늘어나 지난 10년간 10배나 증가했습니다. 이는 대체로 건강이나 다이어트 등의 실용적 동기, 환경 보호나 동물 보호와 같은 윤리적 동기, 그리고 종교적 동기 때문인 것으로 나타났습니다. 제 발표는 여기까지입니다. 들어 주셔서 감사합니다.

말하기2

I. 표현해 봅시다

1 보기 와 같이 이야기해 봅시다.

보기

세연일보

"경복궁 야간 특별 관람"

경복궁의 밤 풍경 즐기기
첫해 7만 명, 10년째인
작년엔 30만 명 관람

- 문화재에 대한 관심 증가
- 문화재 훼손 가능성
- 보호 방법 마련해야

①

한국 신문

"경주에 지하철이 없는 이유"

곳곳에 묻혀 있는 신라 시대
유물 때문, 도로 공사하다
발굴하기도

- 발굴된 유물 통해 과거 모습 유추
- 주민 불편 야기
- 다른 교통수단의 편의성 높여야

②

서울일보

오피니언 정치 경제 국제 사회 문화 연예 스포츠

"김장, 유네스코 지정
무형 문화 유산"

김치를 담그고 나누는
문화 2013년 등재

- 김치를 나누어 먹으며 조리법 공유
- 김장 문화가 점점 사라지고 있음.
- 김장 문화 보전해야

③

연희신문

"방송 프로그램 수출
32% 증가"

일본, 미국, 대만에서 특히 인기
20년째 증가 중

- 경제적 이익 및 한국 문화 알림.
- 드라마 판매에만 집중
- 다양한 장르의 프로그램 개발 필요

보기

하늘: 경복궁의 밤 풍경을 볼 수 있는 야간 특별 관람이 아주 인기가 많대요. 첫해에는 관람객이 7만 명 정도였지만 10년째인 작년엔 30만 명이나 밤에 경복궁을 찾았다는군요.

노라: 시민들의 문화재에 대한 관심이 증가했다는 것은 반가운 소식이네요. 그렇지만 밤에 많은 사람이 몰리면 문화재가 훼손될 수도 있을 것 같은데요. 혹시 모를 사고로부터 보호하기 위한 방법이 마련돼야 하겠어요.

문화재 훼손 신라 발굴하다 유추 야기 편의성 유네스코(UNESCO) 지정
무형 문화 유산 등재 보전하다

2 표현을 익혀 봅시다.

도움말

발표를 들은 후에는 먼저 발표의 긍정적인 면에 대해 평가한 후에 보완하면 좋을 것으로 생각되는 점에 대해 제안한다.

발표 자료 평가	• 조사 결과를 통해 한국 드라마가 많은 나라에 수출되고 있다는 것을 확인할 수 있었습니다./알게 되었습니다./이해하는 데 도움이 되었습니다. • 이 자료는 한국 방송 프로그램의 수출 이익이 얼마나 증가했는지를 구체적으로 보여 준다는 점에서 의미가 있습니다. • 한국 드라마를 보는 외국인이 많다고만 생각했는데 자세한 정보를 알게 되었다는 점에서 유용한 자료였다고 생각합니다. • 방송 프로그램의 수출이 증가하고 있다고만 밝히고 있습니다. • 문화재 반환의 구체적 방법을 제시하기보다는 주장에 그쳤다는 점을 한계로 지적할 수 있습니다. • 그러나 이 조사에서는 방문객의 방문 이유는 조사하지 않고 방문객 수만을 조사했습니다.
제안	• 김장 문화를 보전할 수 있는 구체적 방법에 대한 내용이 더 추가되어야 합니다. • 주민 편의를 위해 지하철이 아닌 다른 교통수단이 더 효율적으로 운영되어야 할 것입니다. • 수출이 잘되는 프로그램에 대한 조사가 더 이루어진다면 다양한 프로그램을 수출하는 데에 도움이 될 것입니다. • 이 결과를 바탕으로 하여 노년층 일자리에 대한 조사가 더 진행되어야 할 것입니다.

지적하다　방문객

3 보기 와 같이 이야기해 봅시다.

발표 자료 내용	평가	후속 과제
보기 **"국외 반출 문화재, 돌아올 수 있을까"** 21개국에 19만 점 반출 약탈 문화재는 해당 국가에 돌려주는 것이 원칙  	• 문화재의 소중함을 깨닫는 계기 • 문화재 반환 방안 제시 필요	• 문화재 반환의 구체적 방안 • 문화재 반환에 대한 국민적 관심 환기

보기

현재 한국의 문화재는 21개국에 19만 점이 반출되어 있습니다. 약탈 문화재는 해당 국가에 돌려주는 것이 원칙이지만 실제로는 반환이 이루어지지 않고 있습니다. 이 뉴스는 문화재의 해외 반출 문제를 통해 국민들이 문화재의 소중함을 다시 한 번 생각하는 계기가 된다는 점에서 의미가 있습니다. 그렇지만 반출된 문화재를 돌려받는 구체적 방안을 제시하기보다는 원칙만을 주장하는 데에 그쳤다는 점을 한계로 지적할 수 있습니다. 앞으로 문화재 반환의 구체적 방안이 마련되어야 할 것입니다. 또한 적극적인 문화재 반환을 위해서는 국민적 관심을 계속해서 환기시키는 것도 필요하다고 봅니다.

발표 자료 내용	평가	후속 과제
① **"궁궐과 종묘, 방문객 26% 증가"** 상반기 내국인 방문객 수 최고 기록 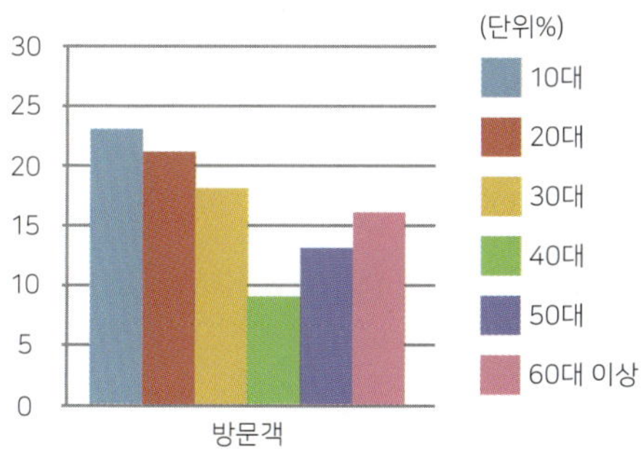 	• 연령대별 방문객 수 차이 확인 • 방문 이유 조사 필요	• 연령대별 방문 이유 조사 • 40대 방문객 유치 방안

후속 반출 약탈 해당 원칙 환기 궁궐 종묘 상반기

❷ **"풍수지리, 조상들의 삶의 지혜"** 뒤에는 산, 앞에는 강이 있는 배산임수 생활에 필요한 것을 구하기 쉬워 (월간 자연) 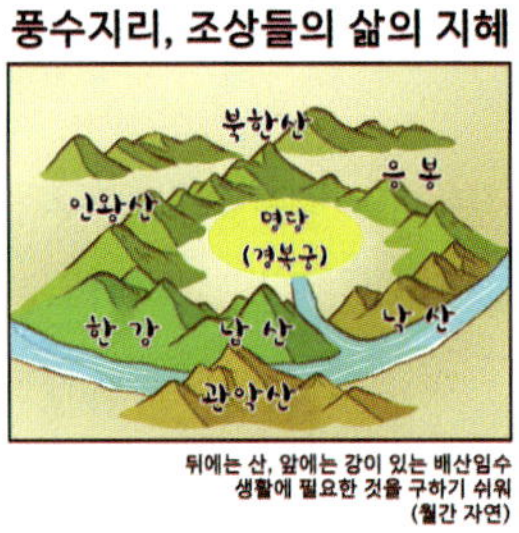 	• 인간과 환경의 관계 확인 • 풍수지리의 다양한 사례 필요	• 풍수지리의 다양한 사례 수집 • 풍수지리를 따르는 이유 조사
❸ **"노년층 취업 꾸준히 증가"**  	• 노년층 취업에 나타난 변화 확인 • 당사자인 노년층 대상 조사 필요	• 노년층 대상 취업 목적 조사 • 노년층 대상 희망 일자리 조사

Ⅲ. 정리해 봅시다

다음 그림을 보고 이 발표 자료에서 고치면 좋을 점을 모두 찾아봅시다.

한국인의 여가 생활

조사 대상: 세연대 경영학과 학생 10명

질문) 여러분은 여가 활동을 얼마나 자주 합니까?

일주일에 1~2번	54%
일주일에 3~4번	6%
한 달에 1~2번	17%
한 달에 3~4번	13%
매일	10%

풍수지리 배산임수 고용 노동부 확대 당사자

한국의 풍습

• 학습 목표: 조사 결과 보고서를 완성할 수 있다.

Ⅰ. 준비해 봅시다

〈마이클이 본 한국〉

우리 고향과 달리 한국에서는 60세 생일을 축하하는 큰 잔치를 연다. 위의 사진과 같이 한국에서는 잔칫상 위에 많은 음식을 차려 놓고 손님들과 함께 환갑을 축하한다.

1980년 5월

<환갑잔치의 필요성>

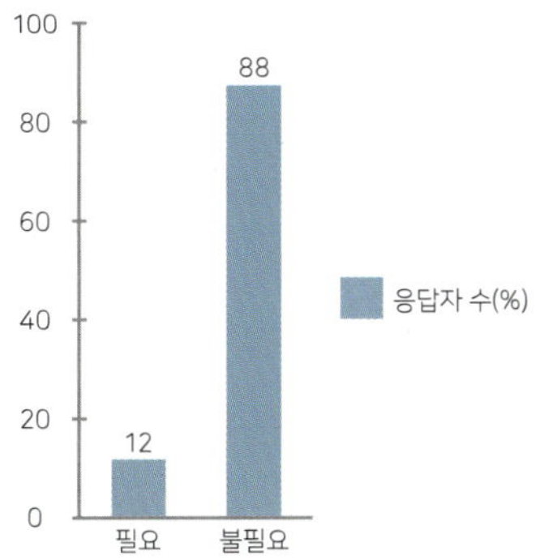

※자료: 우리일보(2020. 03)

<환갑잔치를 안 하는 이유>

대상: 60대 남녀 100명

- □ 100세 시대에 환갑은 특별히 기념해야 할 의미가 없기 때문에(68%)
- □ 낭비라고 생각하기 때문에(8%)
- □ 자식들에게 부담을 주기 싫어서(22%)
- □ 기타(2%)

- 한국에서 환갑잔치를 크게 했던 이유가 무엇이었을까요?
- 조사 결과 보고서를 쓸 때 무엇을 고려하면 좋겠습니까?

쓰기1

1 조사 결과 보고서의 도입 또는 마무리와 관계있는 것을 모두 고르십시오.

1) 도입

□ 조사 과정	□ 조사 주제	□ 조사 목적
□ 조사 결과	□ 조사 배경	□ 결과 비교

2) 마무리

□ 조사 방법	□ 조사 대상	□ 설문 내용
□ 예측 및 전망	□ 조사 결과 분석	□ 결과에 대한 의견

2 표현을 익혀 봅시다.

도움말

조사 결과 보고서를 쓸 때는 조사를 하게 된 배경이 잘 드러나도록 최근의 사회 분위기를 언급하면서 도입을 하는 것이 좋다. 그리고 조사 목적 및 대상, 방법, 과정에 대해 간단하게 소개하면 논리적으로 글을 전개할 수 있다. 마무리 부분은 앞에서 설명한 내용을 짧게 정리한 후에 조사의 의미를 쓰는 것이 좋다. 또한 조사의 한계점이나 한계점에 대한 대안을 쓰는 것으로 마무리할 수 있다.

도입	• 고향과 한국의 결혼식 문화가 달라서 관심이 생겼다. • 최근 한국에서 돌잔치를 하지 않는 가정이 많아지고 있다. • 돌잔치에 대한 한국 사람들의 인식이 어떻게 달라졌는지 알아보기 위해 설문 조사를 진행했다. • 이번 설문 조사는 12개월 미만의 자녀를 둔 여성 200명을 대상으로 실시하였다.
마무리	• 지금까지 한국인의 결혼식에 대한 인식을 살펴보았다. • 지금까지의 조사 결과 내용을 요약하면/정리하면 이번 신상품의 가장 큰 장점은 개성 있는 디자인이고, 개선되어야 할 점은 배터리 사용 시간이 짧다는 것이다. • 위 설문 조사는 청소년 문제의 원인과 현황을 밝혔다는 점에서 의미가 있다. • 이번 설문 조사는 조사 대상자 수가 적어서 조사 결과를 일반화하기 어렵다는 한계가 있다. • 다음 조사에서 국내 조사 결과와 외국의 자전거 도로 설치 현황을 비교한다면 보다 의미 있는 결과를 얻을 수 있을 것이다.

돌잔치

3 보기 와 같이 써 봅시다.

보기

한국인의 결혼식에 대한 인식

도입

- 배경: 고향과 다른 한국의 결혼식을 보고 한국의 결혼식에 대해 관심이 생김.
- 목적: 한국인의 결혼식에 대한 인식 확인
- 대상: 결혼을 앞둔 예비 부부 50쌍

마무리

- 내용 요약
  - 결혼식이 필요한 이유: 사회적 관습(67%)
  - 적정 하객 수: 많을수록 좋다(48%)
  - 결혼식 준비 과정: 웨딩 플래너의 도움(51%)
  - 결혼식 장소: 예식장(64%)
- 조사의 의미
  - 한국인의 결혼식에 대한 인식 파악
  - 한국의 결혼 관련업 성행 전망

도입	보기 고향에서는 교회나 집에서 파티 형식으로 결혼식을 하는 경향이 있는데 한국에서는 많은 사람들이 예식장에서 결혼식을 하고 고향과 결혼식 진행 방식도 다르다. 한국인들은 결혼식에 대해서 어떻게 생각하고 있는지 그리고 어떻게 준비하는지 알아보기 위해서 설문 조사를 진행하였다. 이번 조사는 결혼을 앞둔 예비 부부 50쌍을 대상으로 실시하였다.
마무리	보기 지금까지 한국인의 결혼식에 대한 인식과 결혼 준비 과정을 살펴보았다. 지금까지의 조사 결과 내용을 요약하면 먼저 결혼을 준비하는 많은 한국인 예비 부부들은 결혼식을 생략하거나 작은 결혼식을 하고 싶어도 아직까지는 사회적 관습, 주변의 시선을 의식하여 결혼식이 필요하다고 생각한다. 그럼에도 불구하고 결혼식을 한다면 예식장에서 하고 싶어 하고 결혼식 하객 수는 많기를 바라며 결혼식 준비는 전문가의 도움을 받아서 하려고 한다. 이번 조사는 한국인의 결혼식에 대한 인식과 결혼 준비 과정을 파악할 수 있었다는 점에서 의미가 있었다. 조사 결과로 미루어 보아 한국에서는 결혼 관련업이 앞으로도 성행할 것으로 전망된다.

관습 적정 웨딩 플래너(wedding planner) 성행

1

돌잔치 문화에 대한 인식

도입

- 배경: 한국에서 갈수록 돌잔치를 하지 않는 가정이 많아짐.
- 목적: 돌잔치에 대한 인식 확인
- 대상: 12개월 미만의 자녀를 둔 여성 200명

마무리

- 내용 요약
  - 돌잔치를 하는 가정: 5년 전(88%), 현재(57%)
  - 돌잔치를 하지 않는 이유: 보여 주기 위한 행사인 것 같아서(61%)
  - 돌잔치 대신하는 활동: 기념 사진 촬영(48%)
  - 선호하는 돌잔치 선물: 의류용품(46%)

- 조사의 의미
  - 한국 돌잔치 문화의 변화 확인
  - 고향의 첫 생일과 비교

도입	
마무리	

2

한국과 중국의 새해 명절 풍습 비교

도입

- 배경: 한국과 중국은 비슷하면서도 다른 풍습을 가지고 있어서 두 나라의 명절 풍습 비교에 관심이 생김.
- 목적: 한국과 중국의 새해 명절 풍습 비교
- 대상: 한국인과 중국인 각 30명

마무리

- 내용 요약
• 설날에 꼭 해야 하는 것
한국: 차례 지내기(70%)
중국: 가족들과 식사하기(57%)
• 설날 연휴를 즐기는 방법
한국: 여행(48%)
중국: 친척집 방문(77%)

- 조사의 의미
• 한국과 중국의 새해 맞이 풍습 비교

도입	
마무리	

③ ____________________

도입

- 배경: ____________________

- 목적: ____________________
- 대상: ____________________

마무리

- 내용 요약
  - ____________________
  - ____________________
  - ____________________
  - ____________________

- 조사의 의미

____

____

도입	
마무리	

표현해 봅시다

1 조사 결과 보고서를 쓰는 순서를 설명해 봅시다.

조사 주제 선정 → 설문지 작성 → 조사 결과 분석 및 정리 → 글 쓰기

2 보기 와 같이 조사 결과 보고서를 써 봅시다.

제목: 한국인의 결혼식에 대한 인식

<table>
<tr><td>도입</td><td colspan="2">- 배경: 고향과 다른 한국의 결혼식을 보고 한국의 결혼식에 대해 관심이 생김.
- 목적: 한국인의 결혼식에 대한 인식 확인
- 대상: 결혼을 앞둔 예비 부부 50쌍</td></tr>
<tr><td rowspan="2">전개</td><td>조사 결과 1
<결혼식이 필요한 이유>
① 사회적 관습(67%)
② 주변 사람들의 인정(14%)
③ 부모의 강요(12%)
④ 기타(7%)</td><td>조사 결과 2
<결혼식 적정 하객 수>
① 많을수록 좋다(48%)
② 80명 이상 100명 미만(25%)
③ 50명 이상 80명 미만(21%)
④ 기타(6%)</td></tr>
<tr><td>조사 결과 3
<결혼식 준비 과정>
① 웨딩 플래너의 도움(51%)
② 직접 준비(28%)
③ 가족의 도움(16%)
④ 기타(5%)</td><td>조사 결과 4
<선호하는 결혼식 장소>
① 예식장(64%)
② 종교 시설(19%)
③ 호텔(13%)
④ 기타(4%)</td></tr>
<tr><td>마무리</td><td colspan="2">- 내용 요약
• 결혼식이 필요한 이유: 사회적 관습(67%)
• 적정 하객 수: 많을수록 좋다(48%)
• 결혼식 준비 과정: 웨딩 플래너의 도움(51%)
• 결혼식 장소: 예식장(64%)

- 조사의 의미
• 한국인의 결혼식에 대한 인식 파악
• 한국의 결혼 관련업 성행 전망</td></tr>
</table>

보기

제목: 한국인의 결혼식에 대한 인식

고향에서는 교회나 집에서 파티 형식으로 결혼식을 하는 경향이 있는데, 한국에서는 많은 사람들이 예식장에서 결혼식을 하고 고향과 결혼식 진행 방식도 다르다. 한국인들은 결혼식에 대해서 어떻게 생각하고 있는지 그리고 어떻게 준비하는지 알아보기 위해서 설문 조사를 진행하였다. 이번 조사는 결혼을 앞둔 예비 부부 50쌍을 대상으로 실시하였다.

한국인의 결혼식에 대한 인식을 조사한 결과, 결혼식이 필요한 이유는 '사회적 관습(67%)'이 압도적으로 높게 나타났다. 그 다음으로 '주변 사람들의 인정(14%)', '부모의 강요(12%)' 순으로 나타났다. 그 외 기타 의견으로 '인생의 추억을 남기고 싶어서' 등의 응답이 있었다. 결혼식에 참석하는 적정 하객 수를 묻는 질문에는 '많을 수록 좋다'는 의견이 48%로 가장 많았고 '80명 이상 100명 미만(24%)', '50명 이상 80명 미만(21%)', '50명 미만(7%)' 순으로 응답했다.

이러한 결과로 미루어 보아 많은 예비 부부들이 결혼식을 생략하거나 작은 결혼식을 하고 싶어도 사회적 관습과 타인의 시선 때문에 결혼식을 하는 것으로 보인다. 또한 이러한 이유 때문에 예비 부부들이 두 번째 조사 결과와 같이 최대한 많은 하객들에게 부부가 되었음을 인정받고 싶어하는 것으로 추측된다. 설문 조사 결과를 도표로 정리하면 다음과 같다.

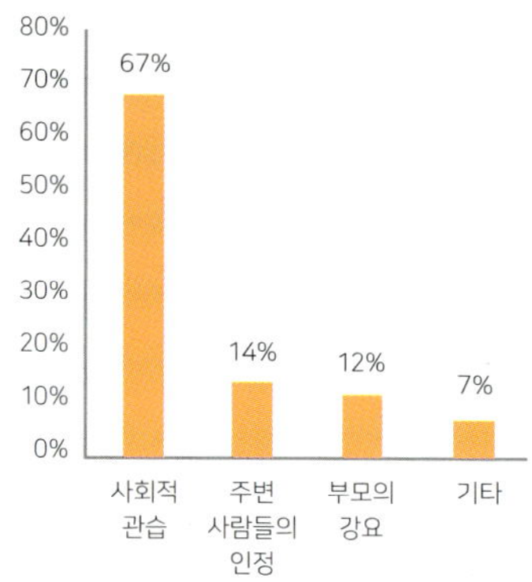

도표1. 결혼식이 필요한 이유

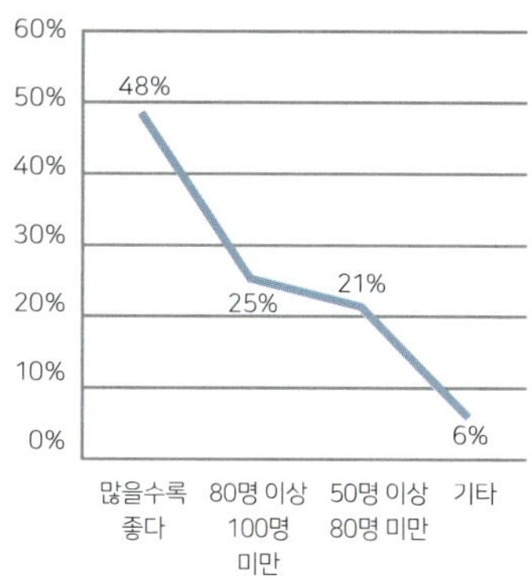

도표2. 결혼식 적정 하객 수

도입
- 조사 배경
- 조사 목적
- 조사 대상

전개
- 조사 결과1: 결혼식이 필요한 이유
- 조사 결과2: 결혼식 적정 하객 수

전개

조사 결과3: 결혼식 준비 과정

그리고 아래의 <도표3>에서 보듯이 결혼식 준비 과정을 묻는 질문에서는 '웨딩 플래너의 도움(51%)'이 가장 높은 응답률을 보였고, 다음으로는 '직접 준비(28%)', '가족의 도움(16%)' 순으로 나타났다. 마지막으로 선호하는 결혼식 장소는 '예식장(64%)'이 가장 높게 나타났고 '종교 시설(19%)', '호텔(13%)'이 뒤를 이었다.

조사 결과4: 선호하는 결혼식 장소

이러한 결과를 통해서 대부분 신랑과 신부가 주도적으로 결혼을 직접 준비하는 고향과 다르게 한국에서는 결혼식을 준비할 때 웨딩 플래너의 도움을 많이 받고 있음을 확인할 수 있다. 또한 고향에서는 결혼식 장소로 교회나 가정, 분위기가 좋은 식당을 활용하는데 한국에서는 결혼식을 위한 장소인 예식장에서 결혼을 하는 부부들이 많은 것으로 보아 한국 사회에 결혼식을 전문적으로 진행하는 사업들이 활발하게 이루어지고 있음을 알 수 있다.

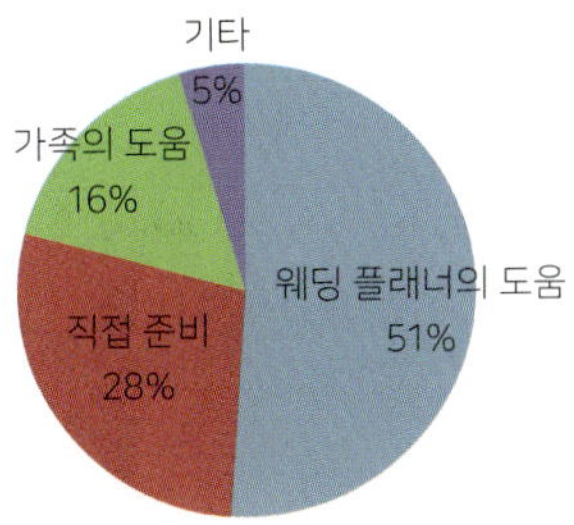

도표3. 결혼식 진행 과정

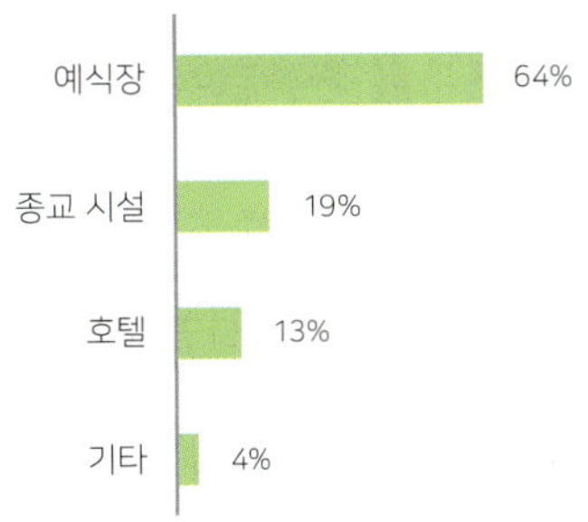

도표4. 선호하는 결혼식 장소

마무리

내용 요약

지금까지 한국인의 결혼식에 대한 인식과 결혼 준비 과정을 살펴보았다. 지금까지의 조사 결과 내용을 요약하면 먼저 결혼을 준비하는 많은 한국인 예비 부부들은 결혼식을 생략하거나 작은 결혼식을 하고 싶어도 아직까지는 사회적 관습, 주변의 시선을 의식하여 결혼식이 필요하다고 생각한다. 그럼에도 불구하고 결혼식을 한다면 예식장에서 하고 싶어 하고, 결혼식 하객 수는 많기를 바라며, 결혼식 준비는 전문가의 도움을 받아서 하려고 한다.

조사의 의미

이번 조사는 한국인의 결혼식에 대한 인식과 결혼 준비 과정을 파악할 수 있었다는 점에서 의미가 있었다. 조사 결과로 미루어 보아, 한국에서는 결혼 관련업이 앞으로도 성행할 것으로 전망된다.

① 제목: 돌잔치 문화에 대한 인식

도입

- **배경:** 한국에서 갈수록 돌잔치를 하지 않는 가정이 많아짐.
- **목적:** 돌잔치 문화의 변화 확인
- **대상:** 12개월 미만의 자녀를 둔 여성 200명

전개

조사 결과 1

<돌잔치를 하는 가정>

① 5년 전(88%)
② 현재(57%)

조사 결과 2

<돌잔치를 하지 않는 이유>

① 보여 주기 위한 행사인 것 같아서(61%)
② 다른 계획이 있어서(17%)
③ 경제적으로 부담스러워서(15%)
④ 기타(7%)

조사 결과 3

<돌잔치 대신 하는 활동>

① 기념 사진 촬영(48%)
② 가족 단위의 식사 모임(32%)
③ 기념 여행(15%)
④ 기타(5%)

조사 결과 4

<선호하는 돌잔치 선물>

① 의류용품(46%)
② 유아용 교육용품(35%)
③ 장난감(17%)
④ 기타(2%)

마무리

- 내용 요약

- 돌잔치를 하는 가정: 5년 전(88%), 현재(57%)
- 돌잔치를 하지 않는 이유: 보여 주기 위한 행사인 것 같아서(61%)
- 돌잔치 대신하는 활동: 기념 사진 촬영(48%)
- 선호하는 돌잔치 선물: 의류용품(46%)

- 조사의 의미

- 한국 돌잔치 문화의 변화 확인
- 고향의 문화와 비교

2 제목: 한국과 중국의 새해 명절 풍습 비교

<table>
<tr><td>도입</td><td colspan="2">- **배경:** 한국과 중국은 비슷하면서도 다른 풍습을 가지고 있어서 두 나라의 명절 풍습 비교에 관심이 생김.
- **목적:** 한국과 중국의 새해 명절 풍습 비교
- **대상:** 한국인과 중국인 각 30명</td></tr>
<tr><td rowspan="2">전개</td><td>조사 결과 1

<설날에 꼭 해야 하는 것> (한국)
① 차례 지내기(70%)
② 세배하기(18%)
③ 떡국 먹기(9%)
④ 기타(3%)</td><td>조사 결과 2

<설날에 꼭 해야 하는 것> (중국)
① 가족들과 식사하기(57%)
② 만두 먹기(23%)
③ 세배하기(15%)
④ 기타(5%)</td></tr>
<tr><td>조사 결과 3

<설날 연휴를 즐기는 방법> (한국)
① 여행(48%)
② 가족과 집에서 휴식(25%)
③ 친척집 방문(21%)
④ 기타(6%)</td><td>조사 결과 4

<설날 연휴를 즐기는 방법> (중국)
① 친척집 방문(77%)
② 여행(11%)
③ 폭죽놀이(8%)
④ 기타(4%)</td></tr>
<tr><td>마무리</td><td colspan="2">**- 내용 요약**
• 설날에 꼭 해야 하는 것
한국: 차례 지내기(70%)
중국: 가족들과 식사하기(57%)
• 설날 연휴를 즐기는 방법
한국: 여행(48%)
중국: 친척집 방문(77%)

- 조사의 의미
• 한국과 중국의 새해 맞이 풍습 비교</td></tr>
</table>

폭죽놀이

3 제목: ______________________

도입	______________________ ______________________ ______________________ ______________________
전개	조사 결과 1 <______________> ① ________ (___ %) ② ________ (___ %) ③ ________ (___ %) ④ ________ (___ %) 조사 결과 2 <______________> ① ________ (___ %) ② ________ (___ %) ③ ________ (___ %) ④ ________ (___ %) 조사 결과 3 <______________> ① ________ (___ %) ② ________ (___ %) ③ ________ (___ %) ④ ________ (___ %) 조사 결과 4 <______________> ① ________ (___ %) ② ________ (___ %) ③ ________ (___ %) ④ ________ (___ %)
마무리	______________________ ______________________ ______________________ ______________________ ______________________

제목: ____________________

____

____

____

도표1. __________	도표2. __________

____

____

____

도표3. __________	도표4. __________

____

____

____

Ⅲ. 정리해 봅시다

풍습과 관련된 조사 결과를 찾아서 이야기해 봅시다.

복습

1 자료를 보고 보기 와 같이 원고지 사용법에 대해서 이야기해 봅시다.

		영	화		‘	택	시		운	전	사	’	를		보	고			
													노	라		한	슨		
	19	80	년		5	월		18	일	은		한	국		현	대	사	에	서
잊	을		수		없	는		날	이	다	.	그	해	는		전	국	적	으
로		민	주	화		운	동	이		벌	어	지	던		때	였	는	데	
영	화		‘	택	시		운	전	사	’	는		당	시	의		모	습	을
사	실	적	으	로		잘		보	여		주	는		영	화	다	.		
	택	시		운	전	사	인		주	인	공		만	섭	은	(	하	략	)

보기

한 칸에 쓰는 글자의 수

한 칸에 한 글자씩 쓰되 숫자와 영어 알파벳 등의 외국 문자는 한 칸에 두 글자씩 쓸 수 있습니다.

1) 제목 2) 이름 3) 본문 4) 단락 5) 문장 부호 6) 띄어쓰기

2 다음 글을 원고지에 옮겨 써 봅시다.

제목: 한국 결혼 문화의 변화

글쓴이: 첸신

요즘 주변을 살펴보면 한국의 결혼 문화가 바뀌어 가고 있는 것을 알 수 있다. 결혼식을 하지 않고 혼인 신고만 하고 결혼 생활을 하는 커플들이 많아졌을뿐더러 결혼식을 하더라도 과거에 비해서 간소하게 하는 추세이다.

문화

한국의 장례 문화

한국에서는 지인 또는 지인의 가족이 고인이 되었을 때 장례식장에 가서 직접 고인에게 마지막 인사를 드리고, 유족들에게 조의금을 전하며 위로한다. 문상객은 고인의 가족들에게 "삼가 고인의 명복을 빕니다."라고 하면서 위로의 마음을 전한다.

이 표현에서 '삼가'는 겸손하고 정중하게 예를 다한다는 의미이고 '명복'은 죽은 사람의 행복이라는 의미이다. 그래서 "삼가 고인의 명복을 빕니다."라고 말하면 예를 다하여 돌아가신 분이 저승에서도 복을 받기를 바란다는 뜻이 된다.

이 문장만으로도 위로의 마음을 전할 수 있지만 문장 앞에 다른 표현을 더하여 인사를 건네기도 한다. "모친/부친의 별세를 애도하오며 삼가 고인의 명복을 빕니다.", "평소 고인의 은덕을 되새기며 삼가 고인의 명복을 빕니다.", "안타까운 비보에 슬픈 마음 금할 길이 없습니다. 삼가 고인의 명복을 빕니다."

이 외에도 고인의 가족들에게 "얼마나 상심이 크시겠습니까?", "뭐라고 위로의 말씀을 드려야 할지 모르겠어요."와 같은 표현을 사용하여 고인을 잃은 슬픔을 함께 나눈다.

색인

어휘 색인

ㅅ

ㅋ

ㅌ

ㅍ

ㅎ

〈 사진 출처 〉
93p_신라 금관총 금관(문화재청)
93p_백제 금동대향로(문화재청)
93p_고려 팔만대장경판(문화재청)
93p_측우기(문화재청)